www.united-pc.eu

Burkhard Werner Beil / Marlis Geidner-Girod

… und plötzlich bist du ein Niemand

Verzweiflung

Ich, Burkhard Beil, wurde am 22. Mai 1954 in dem thüringischen Dorf Töppeln als einziges Kind meiner Mutter geboren.

Wenn ich meinen Erinnerungen Glauben schenken darf, hatte ich bis zum Frühjahr 1963 eine fast normale Kindheit.

Ich lebte mit meiner Mutter und meinem Vater in Töppeln, einem kleinen Dorf, circa acht Kilometer von Gera entfernt.

Dann kam der Tag, an dem sich mein Leben um 180 Grad gewendet hat. Ich, Burkhard Beil, damals neun Jahre alt, wurde von meinem Vater vergewaltigt.

Es war an einem *Dienstagabend*.

Ich lag schon im Bett, als mein Vater zu mir ins Zimmer kam. Mein Kinderzimmer war ein Durchgangszimmer, dahinter befand sich das Schlafzimmer meiner Eltern.

Vater bat mich, mit ihm ins Schlafzimmer zu gehen. Natürlich tat ich es. Ich dachte mir nichts dabei, war ich doch sein Kind und er mein Vater.

Ich legte mich in sein Bett, er legte sich dazu.

Auf einmal fing er an, sich auszuziehen. Erregt fasste er in meine Hose, begann mich an meinem Geschlechtsteil zu berühren und mich auf den Mund zu küssen.

Ich empfand unsagbaren Ekel!

Mir war schlecht, mir war es wie Schreien, aber mir ist vor Schock der Atem weggeblieben.

„Was machst du da?! Hör auf!"

Aber von ihm kam keinerlei Reaktion außer: „Sei still!"

Dann versuchte er sein steifes Geschlechtsteil in mich reinzustecken, aber wahrscheinlich bekam er vorher schon einen Abgang, denn er fing plötzlich an zu stöhnen.

Genau in diesem Moment ging die Tür zum Schlafzimmer auf und Mutter stand in der Tür.

Ich weiß es noch wie heute. Das Nachthemd welches sie trug war weiß und rot gepunktet, zwischen den Punkten befanden sich kleine rote Streifen.

Mutter sah genau, was Vater mir gerade antat. Aber es kam keinerlei Reaktion von ihr, nicht einmal in ihrem Gesicht.

Die Frau, die mich geboren hatte, drehte sich einfach nur um und verließ ohne eine Gefühlsregung das Zimmer. Somit überließ sie dem Vergewaltiger ihren neunjährigen Sohn.

In diesem Moment zerbrach etwas in mir.

Als Vater Mutter im Türrahmen sah, erstarrte er und ließ endlich von mir ab. So schnell wie möglich rannte ich in mein Zimmer und versteckte mich unter meiner Bettdecke.

Mein Vergewaltiger stand ebenfalls auf, ging wortlos durch mein Zimmer an meinem Bett vorbei und zu Mutter ins Wohnzimmer.

Ich hielt vor Angst die Luft an.

Als endlich die Tür hinter ihm zufiel, atmete ich erleichtert aus und lauschte dem, was nun folgen würde. Dabei pochte mein Herz wie verrückt.

Aber nichts geschah. Es war alles still. Keine lauten Diskussionen und kein Streit waren zu hören. Als wäre nichts geschehen, als hätte der Vater nicht gerade seinen Sohn vergewaltigt.

Natürlich konnte ich vor Angst und Aufregung nicht einschlafen. Später bekam ich mit, wie die beiden durch mein Zimmer in ihr Schlafzimmer gingen und sich schlafen legten.

Für mich war eine Welt zusammengebrochen. Ich war ein Junge von neun Jahren und war mit meiner gebrochenen Seele vollkommen allein. In mir entbrannte eine nicht gekannte Wut. Ich wünschte mir, ein Messer in der Hand zu halten, denn dann, so arbeitete es in mir, würde ich Vater und auch die Mutter erstechen.

Ab diesem Tag waren Angst, Ekel und Wut mein stetiger Begleiter. Meine Kindheit war vorbei.

Am *Mittwoch*, dem nächsten Tag, ging ich wie gewohnt zur Schule. Die Stimmung zu Hause war keine gute mehr und sollte es auch nie wieder werden.

Mit dem Wissen, was geschah, befanden sich Mutter und Sohn in der Küche. Nicht ein Wort wurde über den schlimmen Missbrauch gesprochen.

Ich funktionierte nur, fühlte mich wie im Nebel und sah zu, dass ich so schnell wie möglich aus der Wohnung kam, raus aus dieser unerträglichen Situation.

Später dann, in der Schule, schien meine Klassenlehrerin zu bemerken, dass etwas mit mir nicht stimmte. Ich war traumatisiert, aber ich war noch nicht so weit, um ihr davon zu erzählen.

Wir Kinder waren damals in keinster Weise aufgeklärt. Aber dass hier etwas nicht stimmte, spürte ich ganz genau.

Nach der Schule ging ich nach Hause, erledigte meine Hausaufgaben und stand die ganze Zeit neben mir. Ich war alleine. Mutter und Vater kamen erst am späten Nachmittag von der Arbeit.

Um halb Vier Uhr nachmittags lief ich dann zum Fußballtraining. Ich brauchte Ablenkung. Nur nicht zu Hause sein, war mein Gedanke. Mir blieb nichts anderes übrig, als nach dem Sport wieder zurückzugehen. Wo sollte ich kleiner Knirps denn sonst auch hin. Auf der einen Seite graute es mir vor der Begegnung mit den Eltern, auf der anderen Seite hatte ich extrem viel Wut im Bauch.

„Wie war es in der Schule?", fragte meine Mutter, als ich zu Hause ankam.

Emotionslos antwortete ich: „Gut"

Hast du Hausaufgaben gemacht? Kurze Antwort: „Ja"

Pure Angst, als ich abends im Bett lag. Panik, dass „ER" es wieder macht. Angst, dass sie wieder nichts dazu sagt. Gott sei Dank, er ließ mich in Ruhe.

Ich kann nicht mehr

Donnerstag

Mein Entschluss steht fest. Ich werde es heute meiner Klassenlehrerin erzählen. Ich halte den Druck einfach nicht mehr aus.

Meine Hoffnung war, nie wieder nach Hause zu müssen. Nie wieder in das Haus meines Vergewaltigers und seiner Mitwisserin.

Meine Lehrerin reagierte erschüttert, nachdem ich „Es" ihr erzählt hatte.

„Um Gottes Willen!" sagte sie, ließ mich stehen und lief ganz aufgeregt zum Schuldirektor.

Dann nahm alles seinen Lauf. Aber anders, als ich es mir erhofft hatte.

Wie gewohnt ging ich an diesem Tag nach Hause, erledigte meine Hausaufgaben und spielte draußen mit meinen Freunden.

Ich war froh, mich wieder ablenken zu können. Ich versuchte es jedenfalls. Die ganze Zeit begleitete mich panische Angst. Angst davor, dass jemand wegen meiner Aussage in der Schule an unserer Tür klingelt und es meinen Eltern erzählt. Ich hatte große Angst davor, dass sie mich deshalb totschlagen werden.

Sechs Uhr abends ging ich wie gewohnt, aber mit schlimmen Herzklopfen, nach Hause zum Abendessen. Dort stellte ich aber erleichtert fest, dass niemand an die Tür geklopft hatte.

Auch an diesem Tag wurde ich wieder in Ruhe gelassen.

Am *Freitag*, dem nächsten Tag, ging alles ganz schnell.

Der Direktor hatte mich zu sich ins Büro gerufen, meine Klassenlehrerin begleitete mich. „Burkhard, die Herrschaften hier wollen dir ein paar Fragen stellen" empfing mich der Direktor.

In seinem Büro standen zwei Männer und eine Frau. Diese erklärten mir, dass ich mit ihnen mitkommen müsse.

Mir war ganz mulmig zumute. „Hoffentlich bringen die mich nicht zu Vater und Mutter", ging es mir durch den Kopf. Alles andere war mir in diesem Moment völlig egal.

Sie fuhren mit mir in einem Wartburg in die acht Kilometer entfernte Stadt Gera zum Jugendamt auf dem Puschkinplatz.

Zuerst kümmerte sich die Frau um mich. Sie war eine korpulente einfühlsame Person, die mir Fragen stellte und auf die ich wahrheitsgemäß antwortete.

Dann wurde ich in einen gesonderten Raum geführt, in dem sich ein Schreibtisch mit Schreibmaschine, ein Stuhl und eine Untersuchungsliege befanden.

Als ich hineinging, kam mir schon eine Krankenschwester entgegen, die mir sagte, dass ich mich ausziehen solle. Ich schaute sie an und verstand die Welt nicht mehr.

Ich musste mich splitterfasernackt auf die Pritsche legen. Ich höre jetzt noch mein Herz pochen.

Als der Arzt den Raum betrat, gab er mir die Hand und erklärte mir, dass er mich jetzt untersuchen wird. Das war für mich ganz furchtbar. Denn er hat mich überall untersucht.

Zuerst musste ich mich auf den Bauch legen, dann auf den Rücken. Dabei zog er mir die Pobacken auseinander.

Nach dieser Prozedur musste ich wieder in das Zimmer der Frau zurück, die mich vorher befragt hatte. Dort teilte man mir etwas später mit, dass ich noch einmal untersucht werden muss.

Ich traumatisierter kleiner geschundener Kerl war zu allem bereit, Hauptsache, die schicken mich nicht wieder zu meinen Eltern.

Trotzdem begleitete mich die ganze Zeit eine unendliche Angst vor dem Ungewissen, vor dem, was vor mir lag.

Das Allerschlimmste wäre für mich die Rückführung zu den Eltern gewesen, meine große Hoffnung aber war, sie nie wiedersehen zu müssen.

Und so stieg ich mit den Männern erneut ins Auto.

Am Ziel angekommen, nahm ich als Erstes mehrere rote Backsteinhäuser wahr. Die vom Jugendamt hatten mich in die Kinder- und Jugendpsychiatrie nach Stadtroda gebracht.

Wir betraten eins der Gebäude und ich wurde wieder in ein Zimmer geführt. Die zwei Herren vom Jugendamt verabschiedeten sich von mir und ließen mich allein.

Nach einer Weile öffnete sich die Tür und ein Mann wie ein Baum stand vor mir. Hinter ihm erschienen zwei Männer im weißen Kittel.

Ängstlich fing ich an zu weinen. Ohne, dass man versuchte, mich zu beruhigen, oder mit mir zu reden, ergriffen mich die zwei Männer, legten mich auf die Pritsche und schnallten mich fest. Danach verpasste man mir eine Beruhigungsspritze. Erneut wurde ich nackt untersucht.

Jahrzehnte später entnahm ich aus meinen Akten, dass man dabei Missbrauchsspuren entdeckte.

Nach der Untersuchung nahm man mich an die Hand und führte mich in einen Raum mit acht Betten.

Ich sehe es heute noch vor mir. Die Wände waren weiß gekachelt und es hatte muffig gerochen.

In den restlichen sieben Betten lagen Kinder. Zwei von denen waren mit einem Gurt über dem Brustkorb angeschnallt, ihre Hände rechts und links mit einem Lederriemen festgegurtet. Ein Junge hatte ununterbrochen gelacht, an die anderen kann ich mich nicht mehr erinnern. Es lagen dort auch Kinder, die älter waren als ich. Die schauten nun auf mich.

Mir wurde ein Bett zugewiesen. Man sprach mit mir nicht darüber, weshalb, wieso, warum. Keiner hat mir etwas gesagt. Ich hatte später die Kinder gefragt. Einer von denen sagte mir ziemlich gleichgültig: „Hier kommst du sowieso nicht mehr raus."

Diese psychisch kranken Kinder durften das Gelände nicht verlassen, auch nicht mit dem Klinikpersonal (Aufseher), denn in der DDR durfte keiner von der Existenz solcher Kinder erfahren.

Im Haus durften wir uns nur im Raum bewegen. Er war abgeschlossen. Das Essen war schlecht. In der Früh gab es etwas Brot, Margarine und zwei Scheiben Wurst, meistens Blutwurst und Sülze, ab und zu Leberwurst.

Die anderen Kinder waren psychisch schlechter dran als ich. Einige von denen hatten Wahnvorstellungen, andere rannten den ganzen Tag auf dem Flur herum und zogen irgendwelche Gegenstände hinter sich her, die Katzen oder Hunde darstellen sollten.

Im Klinikgelände gab es einen Garten mit einem großen Baum, der mit einer hohen Backsteinmauer umfriedet war. Ich erinnere mich, dass mal eines der Kinder einen Strick an diesen Baum band, das andere Ende um seinen Zahn wickelte und dann losrannte. Der Zahn war raus.

Mit zwei Jungen habe ich draußen ab und zu gespielt, mit einem Jungen hatte ich mich sogar etwas angefreundet. Er war der Einzige, mit dem ich mich von Kind zu Kind unterhalten konnte. Das war in dieser Zeit ein wenig Trost. Jeden Tag bekam ich Medikamente zur Beruhigung. Ich nahm es so hin, was blieb mir denn auch anderes übrig.

Nach einigen Tagen wurde ich ohne meine Einwilligung punktiert. Dabei entnahmen sie mir Flüssigkeit aus dem Rückenmarkskanal und spritzten mir irgendeine Substanz wieder hinein.

Drei Tage lang musste ich auf dem Rücken liegen, drei Tage auf der rechten Seite, drei Tage auf der linken Seite und drei Tage auf dem Bauch.

Unfassbar!

Ich kann mich nicht mehr daran erinnern, wie lange ich in Stadtroda gewesen bin. Danach brachte man mich in das Kinder- und Jugendheim nach Hummelsheim. Voller Hoffnung, dort bleiben zu können, richtete ich mich langsam ein. Das Glücksgefühl hielt aber nur ein paar Tage an.

Eines Tages sollte ich zum Heimleiter kommen. Als ich die Tür öffnete, dachte ich, mich trifft der Schlag und ich muss auf der Stelle sterben. Dort standen meine Eltern.

Ich fing sofort erbärmlich an zu weinen.

Der Direktor: „So Burkhard, deine Eltern sind da, um dich wieder abzuholen." „Das Jugendamt hat beschlossen, dass du wieder zurück in dein Elternhaus musst."

Stille.

Meine Eltern sagten nichts, zeigten keinerlei Emotionen. Ich sah sie nur stumm an, völlig abgestumpft. In diesem Moment, vor diesen Personen, in dieser schlimmen Situation, kamen in mir zum ersten Mal die Gedanken hoch, dass ich mir das Leben nehmen will.

Abgestumpft

Mit ihrem Trabant 601 brachten sie mich wieder in ihr Haus.

Er fuhr und sagte nichts.

Meine Mutter: „Wie geht es dir? Schön, dass du wieder nach Hause kommst."

Ich saß hinten auf der Rückbank und weinte und weinte.

Zu Hause lief alles wie unter einer Glocke. Ich funktionierte nur noch, aber ich lebte nicht mehr.

Jeden Tag kämpfte ich mit dem Gefühl, mich umbringen zu müssen.

Ich hatte genaue Vorstellungen, wie ich es machen werde. Ich wollte mich vor eine Dampflok schmeißen.

Ständig musste ich mit der Angst leben, es könnte wieder passieren. Der Druck war für mich kaum auszuhalten. Ich wollte einfach nur, dass alles vorbei ist.

Tausendmal spielte ich den Gedanken durch, Vater und Mutter mit einem Messer zu erstechen, um meiner Qual endlich ein Ende zu bereiten.

An einem *Freitag* hatten sie mich wieder nach Hause geholt, am darauffolgenden *Samstag* musste ich schon wieder in die Schule.

Als ich mich nach so langer Zeit wieder in meine Klasse begab, reagierte niemand auf mich. Die erste Stunde begann, als wäre ich nie weg gewesen.

Kurz vor der zweiten Stunde betrat meine Klassenlehrerin das Zimmer. Als sie mich sah, ließ sie ihre Tasche fallen, kam auf mich zu und umarmte mich.

Ein Mensch hat mir nach dieser schlimmen Zeit Mitgefühl und Zuneigung gezeigt. Ich stand da wie angewurzelt.

In der letzten Stunde hatten wir Sportunterricht. Davor sollten wir uns wie immer umziehen. Sporthemd und kurze Hose.

Ich habe das nicht gemacht, ich konnte es nicht! Nach meinem Erlebten wollte ich mich nie wieder vor jemand anderen ausziehen, geschweige denn meinen entblößten Körper zeigen.

Als ich dann so, wie ich war, zum Sportunterricht erschien, gab es Ärger. Wir hatten gerade Bockspringen, als mein Sportlehrer sah, dass ich mich nicht umgezogen hatte.

Barsch befahl er mir, gefälligst meine Sportsachen anzuziehen.

Ich weigerte mich.

Das gab für mich einen Eintrag in das Klassenbuch. Aber das war mir total egal, die letzten Wochen und Monate hatten mich abgestumpft.

Jeden Gang zur Schule erzwang ich mir.

Ich funktionierte nur noch. Ich freute mich nicht auf den Unterricht, geschweige denn auf das Zusammensein mit den Mitschülern.

Warum auch. Mir war alles egal. Auch schon vor dem „Vorfall" hatte ich nicht besonders viel Freude daran.

Ausgeschlossen

Seit Beginn meiner Schulzeit verwehrte man mir als kleiner Knirps, ein Jungpionier bzw. ein Thälmann-pionier zu sein.

Jeden Morgen vor dem Unterricht gab es einen Morgenapell, an dem sich alle Schüler der Schule (die Schule ging damals nur bis zur achten Klasse) in Reih und Glied auf dem Schulhof aufzustellen hatten, um den Morgengruß zu verrichten.

Außer ich. Ich wurde von Anfang an davon ausgeschlossen.

Im Nachhinein bin ich froh und stolz darüber, aber damals verstand ich es nicht.

Obwohl ich einer der Besten im Sport gewesen war, wurde ich immer wieder von einigen Mitschülern gemobbt. Ich war halt das schwarze Schaf in der Herde. Das ließ ich mir aber nie gefallen.

Auf deren Fragen, warum ich nie etwas mitmachen durfte und ich keine Pionierkleidung trug, hatte ich keine Antwort.

Ich wusste es ja selber nicht.

Mein erster Selbstmordversuch

Eines Tages klopfte es an unserer Wohnungstür. Ich befand mich gerade in meinem Zimmer, als ich hörte, wie sich zwei Männer mit meinen Eltern unterhielten.

„Ihr Sohn darf nicht mit zum Fußballturnier nach Hirschberg" hörte ich sie sagen.

Als diese Worte in meinem Kopf ankamen, brach für mich eine Welt zusammen. Ich fing jämmerlich an zu weinen.

Das war der Tropfen zu viel, das Fass war übergelaufen!

In einem unbemerkten Augenblick nahm ich ein scharfes Messer und versuchte mir die Pulsader aufzuschneiden. Neun oder zehn Jahre war ich da alt.

Meine Mutter, die kurz darauf in mein Zimmer kam, sah, was ich tat, und rief aufgeregt: "Horst, Horst, Horst … schnell, komm her, der Junge …"

Sie verbanden mir den Arm mit einer Binde, nahmen mich und trugen mich schnell die Treppen hinunter. Dann fuhren sie mit mir ins Geraer Wald-Krankenhaus.

Dort wurde die Wunde von einem Arzt begutachtet und genäht.

Als der Doktor mich fragte, warum ich das getan habe, sahen mich meine Eltern scharf an.

Ihre Blicke haben mich verstummen lassen. Ich hatte Angst vor den Folgen.

Mein Vater war sehr jähzornig und bestrafte mich oft mit einem „Siebenriemer". Das war ein Stock, an dem sieben Lederstreifen befestigt waren.

Bei jeder Kleinigkeit, zum Beispiel wenn die Schuhe nicht so da standen, wie sie stehen sollten, oder wenn es eine schlechte Note gab, ging er mit mir in „sein Zimmer". Dort vermöbelte er mich mit dem Lederriemen so sehr, dass ich vor Angst und Schmerzen wie verrückt schrie.

Meine Mutter kam mir nie zur Hilfe. Für mich war das die reinste Hölle. Mutter, die in meinen Augen ein Alkoholproblem hatte, war ebenso jähzornig wie mein Vater.

Wir lebten damals im dritten Stockwerk, in einer Dachgeschosswohnung.

Ich hatte wieder einmal Hausarrest. Gelangweilt schaute ich aus dem Küchenfenster, als ein paar

Kinder vorbeigingen, die gerade zum Fußballtraining wollten.

Die riefen mir zu, ob ich nicht mitkommen möchte.

Als ich ihnen daraufhin laut antwortete, dass ich nicht darf, weil ich Hausarrest habe, warf Mutter voller Wut ein Küchenmesser nach mir, welches nur knapp an meinem Kopf vorbeiging und auf die Straße fiel.

Dabei hätte es fast ein anderes Kind getroffen. Zum Glück war nichts passiert.

Oma Lene

Es gab aber auch schöne Zeiten in meiner Kindheit. Die waren zwar selten, aber es gab sie. Die erlebte ich, wenn ich bei meiner heißgeliebten Oma Lene zu Besuch war.

Oma lebte in Schleiz in einem kleinen Einfamilienhaus mit einem großen Garten und mit Hühnern und Kaninchen. Sie war Köchin von Beruf und arbeitete im Hotel „Bayrischer Hof".

Einmal im Monat durfte ich sie in Schleiz besuchen. Was für eine Freude, denn Oma war richtig lieb zu mir. Was hätte ich dafür gegeben, wenn sie meine Mama gewesen wäre.

Schon als kleiner Junge fuhr ich „allein" zu ihr. Mutter übergab mich in Gera dem Busfahrer und Oma holte mich vom Schleizer Busbahnhof ab.

Ausgerechnet bei Oma Lene werde ich einige Jahre später ein bis dato wohlgehütetes Geheimnis erfahren. Eines, das mir endlich Antworten auf viele Ungereimtheiten geben wird. Eine Wahrheit, die mein späteres Leben völlig beeinflussen wird.

Lehrstellensuche

1968 beendete ich die Schule, wie es zu der damaligen Zeit noch so üblich war, mit der achten Klasse.

Die Suche nach einer Lehrstelle erwies sich für mich als sehr schwierig. Überall, wo ich mich beworben hatte, erhielt ich Absagen. Völlig untypisch in der DDR.

Dass ich dann doch noch eine Lehrstelle bekam, hatte ich einem erwachsenen Mitglied von meinem Fußballverein zu verdanken.

Als er in einem Gespräch von meinem Problem erfuhr, konnte er das gar nicht verstehen.

Er, der mir aufmerksam zugehört hatte, überlegte eine Weile und meinte dann: „Ich werde versuchen, dir zu helfen. „Ich arbeite in einem Schlachthof und werde sehen, ob ich dich dort mit unterbringen kann."

Er hat sein Wort gehalten. 1969 begann ich eine Lehre als Fleischer, die ich 1971 erfolgreich beendete.

Ich falle aus allen Wolken

Im März 1970 fuhren Mutter und ich zum 58. Geburtstag meiner Oma.

Dieser Tag sollte mein ganzes Leben verändern.

Ich spielte mit einem Nachbarsjungen in Omas Garten Fußball und tobte mich aus.

Nach einer Weile musste ich zur Toilette und ging ins Haus. Dort hörte ich zufällig, wie Oma meine Mutter fragte, ob sie schon das Kindergeld von Burkhard bekommen hätte.

Ich wunderte mich und ging in die Stube.

Als mich die beiden entdeckten, verstummten sie. Ich sah sie verdutzt an und fragte: „Wer ist Burkhard?"

Nach einer Weile antwortete mir Mutter: „Das ist dein leiblicher Vater. Der hat uns 1961 verlassen. Er ist wegen der Schließung der Grenze in den Westen abgehauen."

Auf meine Frage, warum man mir das bisher vorenthalten habe, bekam ich von ihr nur zur Antwort: „Du hast doch einen Vater!"

Erst jetzt, mit fast 16 Jahren, erfuhr ich von meinem leiblichen Vater.

Schlagartig begriff ich, dass mein bis dahin geglaubter Vater überhaupt nicht mein Erzeuger, sondern nur mein Stiefvater war.

Mit einem Mal wurde mir auch klar, warum ich in der Schule immer von allem ausgeschlossen wurde und warum ich Schwierigkeiten bei der Lehrstellensuche hatte.

Das muss man sich mal durch den Kopf gehen lassen. Da wurde ein kleines Kind dafür bestraft, weil sein leiblicher Vater in den Westen geflüchtet war.

Der Staat hatte sich an mir wegen der Republikflucht meines Vaters gerächt. Einem kleinen Jungen von sieben Jahren, der von nichts eine Ahnung hatte.

Ungläubig sah ich meine Oma an, die Tränen in den Augen hatte.

Burkhard, mein leiblicher Vater, nach dem ich benannt wurde, war ihr Sohn.

Fluchtartig rannte ich aus dem Haus.

Ungläubigkeit! Wut! Hass! Ich heulte mein ganzes Bündel Entsetzen und Enttäuschung aus mir heraus.

Später fragte ich Oma nach meinem Vater aus.

Seitdem ich von ihm erfahren hatte, gingen mir Tausende von Fragen und Gedanken durch den Kopf.

Wie sieht er aus? Sehe ich ihm ähnlich? Wie ist er und warum hat er uns verlassen?

Das, was ich von ihm erfuhr, war nicht gerade das, was ein Sohn von seinem Vater hören möchte.

Als er „rüber" gemacht war, kam er erst einmal nach Bielefeld.

Später hatte er den Westen Deutschlands und die halbe Welt bereist. Er lernte drüben eine Frau kennen und heiratete sie.

Oma hatte mir zwar erzählt, dass mein Vater ein lieber Sohn gewesen war, aber als ich nach seinem Tod das Scheidungsurteil von ihm und seiner Frau las, standen mir die Haare zu Berge.

Ausreiseantrag

Ich wollte unbedingt meinen Vater kennenlernen. Außerdem war seit der Erkenntnis, warum ich immer ins Abseits gestellt worden war, mein Gerechtigkeitssinn in Aufruhr.

Das, was dieses Land mir angetan hatte, konnte man an mir nicht wiedergut machen!

Ich arbeitete noch bis Anfang 1972 im Schlachthof, dann entschloss ich mich, in die BRD überzusiedeln.

Also stellte ich einen Ausreiseantrag, der jedoch abgelehnt wurde.

Ich war wütend, ich konnte nichts dagegen machen. Widerspruch wäre sinnlos gewesen.

Aus meinem Frust heraus entschloss ich mich, aus Protest die Arbeit niederzulegen.

Drei Monate später wurde ich auf offener Straße verhaftet. Wegen „asozialem Verhalten" nach Paragraph 249.

Ich bekam Handschellen angelegt und wurde einem Haftrichter vorgeführt. Er verlas mir den Haftbefehl mit der Begründung der Fluchtgefahr.

Anschließend kam ich in Untersuchungshaft nach Gera. Dort angekommen, musste ich mich nackt ausziehen. Erst fuhr man mir in die Haare, dann unter die Achseln und schließlich musste ich mich bücken und man schaute mir in den After. Als ich mich wehrte, schlug man mich mit einem Gummiknüppel in die Leiste.

Ich brach zusammen und wachte in einer 2 x 2 m großen Zelle auf.

Dort sagte man mir: „Das passiert, wenn man nicht gehorsam ist!" Dann wurde ich in eine Vier-Mann-Zelle gesteckt.

Mit einer Decke in der Hand, einer Essensschüssel, einem Teller und Besteck, alles aus Plastik, sah ich mich geschockt um. Die Zelle war vier Meter lang und drei Meter breit. In ihr befanden sich ein Tisch, drei Holzhocker und vier Armeebetten aus Metall.

In der Zelle befanden sich zwei Gestalten, die rauchten. Als ich mit ihnen alleine war, fragte ich sie, was das hier ist. Einer der beiden gab mir trocken zur Antwort: „Das kann für lange Zeit dein Zuhause sein! Das hier ist ein Gefängnis."

Erst am Abend kam diese Information in meinem Kopf richtig an. Ich war fix und fertig und heulte leise für mich in die Bettdecke.

Der Gefängnisalltag für mich begann.

Sechs Uhr wecken und Frühstück, neun Uhr Freistunde. Das war für uns die einzige Möglichkeit, frische Luft zu atmen. Der Freihof war mit Käfigen versehen, die nicht viel größer waren, als unsere Vier-Mann-Zelle. Jeder Käfig war für eine Zellenbesatzung gedacht, die dort vor den anderen Häftlingen abgeschirmt wurde. Die Prozedur dauerte meistens eine halbe Stunde.

Zwölf Uhr gab es Mittagessen, siebzehn Uhr Abendessen. Punkt 21 Uhr war Nachtruhe angesagt. Also befanden wir uns 23 Stunden in der Zelle.

Immer wenn ein Schließer die Zellentür öffnete, mussten alle Häftlinge aufstehen und dem Zellensprecher sagen: „Verwahrraum soundso mit soundso viel Untersuchungshäftlingen belegt."

Ab und an wurde ich zur Vernehmung geholt. Das sah dann folgendermaßen aus:

Früh wurde die Zellentür aufgerissen und es hieß: „Beil! Aufstehen!

Raustreten, mit dem Gesicht zur Wand!"

Dann wurde ich am ganzen Körper untersucht. Wirklich überall.

Dann ging es den Flur entlang, die Eisentreppen hoch zum Vernehmungszimmer. Dort musste ich wieder vor der Tür stehen.

Dazu hieß es: „Beil! An die Wand!"

Fünf bis sechs Minuten musste ich so verharren, bis der Vernehmer kam und befahl: „Beil! Reinkommen!"

Der Vernehmungsraum war karg eingerichtet mit einem Schreibtisch, einer Schreibmaschine und zwei Stühlen.

Der Vernehmer: „Beil setzen!" Setzen durfte man sich immer nur nach Aufforderung.

Nachdem ich mich gesetzt hatte, bot er mir eine Zigarette an (das waren die sogenannten „Vernehmer-Zigaretten").

„Beil, du weißt, warum du hier bist! Wegen des Paragraphen 249, also wegen asozialem Verhalten."

Danach ging die Befragung los. Warum, weshalb, wieso.

Ich habe ihm alles erzählt, auch von der Schule. Zum Schluss sagte ich ihm, dass ich mit dem System nicht einverstanden sei.

Daraufhin nahm er mir sofort die Zigaretten weg und fragte mich, ob ich meine Schuld eingestehe.

In der Verfassung der DDR stehe geschrieben, dass jeder Bürger der DDR das Recht und die Pflicht habe, zu arbeiten. Widerhandlungen werden bestraft. Deshalb gibt es den Paragraph 249. Das nennt man asoziales Verhalten.

Danach sagte er mir, dass ich in ein Arbeitslager für ein bis drei Jahre kommen werde. Mit diesen Worten schloss er die Akte.

Dann schrieb er das Vernehmungsprotokoll und schob es zu mir mit den Worten: „Hier, unterschreiben!"

Ich sagte: „Das unterschreibe ich nicht!"

Daraufhin machte er die Notiz auf das Protokoll: „Beil hartnäckig und stur, willigt nicht ein!"

Danach rief er: „Genosse soundso... abführen... ab, in den Verwahrraum!"

Gerichtsverhandlung

Dann kam der Tag der Gerichtsverhandlung.

Ich wurde aus der Zelle geholt und bekam Handfesseln angelegt. Danach ging es in den Hof, wo die „grüne Minna" auf mich wartete. Das war ein B-1000 mit drei kleinen Zellen, die 1 x 1 m groß waren, ohne Frischluftzufuhr.

Der Wagen war als Gemüsetransporter getarnt. Kein Mensch konnte erkennen, dass da Gefangene transportiert wurden.

Im Gericht wurde mir die Handfessel abgenommen.

Die Urteile standen schon lange vorher fest. Das Urteil lautete: „ >1.6." -ein Jahr und sechs Monate Freiheitsentzug wegen Paragraph 249, Absatz 1-3.

Meine letzten Worte dazu waren, dass man das Fenster öffnen solle, um Gerechtigkeit hereinzulassen.

Die Konsequenz dafür waren 21 Tage Arrest. Dies bedeutete für mich Einzelhaft, also Abschirmung von allem sowie halbes Essen.

In der Zelle stand nur ein Bett, das tagsüber an die Wand geschnallt wurde. Das hieß, du durftest dich tagsüber nicht hinsetzen oder hinlegen.

Die Toilette war durch ein Gitter getrennt. Bei Bedarf musste ich die Notglocke betätigen. Dabei ging auf der anderen Seite der Zelle, über der Tür ein Licht an. Hatte der Wärter keine Lust, blieb einem nichts anderes übrig, als sein Geschäft in die Ecke zu machen.

Jugend- und Erwachsenengefängnis Dessau

Drei Wochen nach der Verurteilung ging die Zellentür auf und eine Stimme rief: „Beil, Sachen packen!" Also packte ich meine Sachen.

Meine Sachen, das waren etwas Tabak und die wenigen persönlichen Dinge. Dieses Paket musste ich aber wegen des Transports wieder abgeben.

Wir waren acht Gefangene, die auf Transport in andere Haftanstalten gingen. Wir bekamen Hand- und Fußfesseln angelegt. Dann wurden wir in ein „W50–Gefangenenfahrzeug" geladen und auf den Bahnhof nach Gera gebracht.

Dort angekommen, warteten wir, eskortiert von schwer mit Maschinenpistolen bewaffnetem Wachpersonal, am Bahnsteig auf die Bahn mit dem Gefangenentransportwagen „Grotewohl Express".

Insgesamt konnten in diesem Waggon bis zu 90 Häftlinge von einer Haftanstalt in die andere transportiert werden.

Der Gefangenenwaggon war mit Zellen unterteilt. Normal waren vier Gefangene auf 1 x 1,34 m untergebracht, aber manchmal waren es auch bis zu sechs Häftlinge. Bei einem Unfall wäre da keiner lebend herausgekommen.

Wir fuhren von Gera aus über Erfurt und Leipzig nach Dessau.

Wir waren drei Gefangene und wurden von acht Mann bewaffnetem Wachpersonal abgeholt und mit einem B-1000 in die Haftanstalt gefahren. Ein Jugend- und Erwachsenengefängnis, das aber als Arbeitslager tituliert wurde.

Im Gefängnis angekommen, brachte man uns als Erstes zu der Effekten-Kleiderkammer. Dort bekamen wir Anstaltskleidung ausgehändigt. Das waren graue Armeeklamotten mit gelben Streifen an den Ärmeln, an den Hosennähten und an der Rückseite der Jacke.

Danach ging es für uns in eine Aufnahmezelle.

Am nächsten Tag Friseur. Uns wurden die Haare fast bis zur Glatze kurz geschnitten, dann ging es weiter zum Duschen, danach zur Eingangsuntersuchung. Und wieder hieß es nackt ausziehen, und wieder …

Ich kam auf eine Acht-Mann-Zelle, zusammen mit „Echten Verbrechern", wie Vergewaltigern und Mördern, aber auch „Kleineren Fische".

Viele der Gefangenen waren normal, es gab aber auch Durchgeknallte.

Als „Neuer" musstest du dich prinzipiell unterordnen. Das war die totale Unterwerfung. Man musste sehen, dass man mit dem Arsch an die Wand kam.

Wir waren Frischfleisch. Deshalb suchte man sich lieber einen Beschützer. Aber auch das musste man sich verdienen, denn da gab es nichts für umsonst. Das konnte man machen, indem man demjenigen zum Beispiel die Zigaretten kaufte, ihm die Betten machte oder seine Schuhe putzte.

Man bedenke, da waren auch Mörder dabei, die vor nichts zurückschreckten, weil sie sowieso lebenslänglich hatten.

Unterordnen! Nur so konnte man die Zeit dort gut überleben.

Drei Tage später wurde ich zur Arbeit in die Küche eingeteilt. Von Anfang an musste ich dort die Drecksarbeit erledigen. Kartoffeln schälen, kehren, wischen und so weiter.

Dort hatte ich mich überhaupt nicht wohl gefühlt und deshalb einen Antrag auf Verlegung gestellt. Was ich bereuen sollte, denn ich wurde tatsächlich verlegt in das „Zellenhaus". Jetzt kam ich in eine

25-Mann-Zelle. Ein Schlafraum von 25 m^2 mit drei Waschbecken und zwei Toiletten. Die Duschen, es durfte nur einmal die Woche geduscht werden, befanden sich in einem anderen Trakt.

Dieses Mal musste ich als Hilfsarbeiter im VEB Gas- und Elektrogerätewerk Dessau arbeiten. Das Werk befand sich außerhalb der Anstalt. Es wurden dort unter anderem Gasöfen produziert bzw. hergestellt, in riesengroßen Hallen, in denen ausschließlich Gefangene arbeiteten.

Wir fuhren mit Bussen dort hin. Die Busse waren ziemlich überfüllt, so dass sich diejenigen, die keine Sitzplätze hatten, in den Gang knien mussten. Knien, weil die Außenwelt nicht mitbekommen durfte, dass in diesem Fahrzeug Gefängnisinsassen mitfuhren. So eine Fahrt dauerte ca. eine halbe Stunde.

Die Arbeit der Gefangenen wurde von drei zivilen Meistern geleitet. Die saßen oberhalb der Halle unter dem Dach und konnten alles gut einsehen. Sonst hatten wir keinen Kontakt zur Außenwelt.

Zu meinen Aufgaben gehörte es, die Halle zu reinigen und den Bandarbeitern Material zuzubringen. Trotz sogenannter Hilfsarbeit war es doch eine verantwortungsvolle Aufgabe, denn die angegebene Schraubengröße musste unbedingt stimmen. Wenn

nicht, hat man auch mal schnell eine gefangen bekommen.

Die Arbeiter standen meist unter Druck, denn es
wurde nach Leistung gearbeitet. Die vorgegebenen
hundert Prozent mussten geschafft werden. Wenn
nicht, drohten Einkaufskürzungen, Paketsperre
oder sogar Besuchssperre. Im schlimmsten Fall sogar Arrest.

Aber es gab auch einen Grund zum Ansporn. Denn
nach der Arbeit wurden zwei der besten Arbeiter
gekürt. Diese erhielten eine Prämie in Form von
Geld oder einem Sonderpaket, oder die Angehöri-
gen durften denjenigen ein Paket schicken.

Die Verpflegung dort war spärlich; zwei mit Margarine und Wurst belegte Brotscheiben mussten uns
für acht Stunden harte Arbeit reichen. Zum Trinken
stand für uns ein Kessel mit kaltem Muckefuck in
der Halle bereit, den wir uns in der Pause genehmi-
gen durften.

Eine Sirene ging zu Arbeitsbeginn und zu Arbeits-
ende. Gearbeitet wurde von sechs bis vierzehn Uhr.

Haftalltag

Der Haftalltag war geprägt von Ordnung und Drill.

Auf dem Freihof wurde im Gleichschritt gelaufen und wehe denen, die aus der Reihe tanzten.

Die Schlafraumbetten mussten immer auf Kante gebaut werden. Wenn nicht, wurden sie wieder auseinandergerissen, und das so lange, bis es richtig war.

In der freien Zeit spielten wir oft Karten, die wir uns selber aus Pappkarton hergestellt hatten, denn so etwas war eigentlich verboten.

Am Abend wurden fast jeden Tag Jugendliche von anderen Jugendlichen vergewaltigt.

Auch ich. Ich sollte einen älteren Häftling unter der Dusche sexuell befriedigen. Als ich mich weigerte, kamen drei weitere Häftlinge im Duschraum dazu und versuchten, mich ebenfalls zu vergewaltigen. Ich konnte mich retten, indem ich eine Herzattacke vortäuschte, so dass sie von mir abließen.

Auch das Wachpersonal holte sich ab und an einen Jugendlichen. Auch mich.

Straferlass

Am 6. Oktober 1972 gab es einen Straferlass. Dieser Erlass galt nur für Ersttäter, deshalb fiel auch ich darunter. Ich war 18 Jahre alt.

Der Tag meiner Entlassung verlief ziemlich unspektakulär. Ich wurde von meinen Eltern emotionslos empfangen und mit ihrem Trabant 601 nach Hause gefahren.

In Gera angekommen, musste ich in die Abteilung „Innere" und zur Polizei, um dort meinen Personalausweis abzuholen, den man mir bei der Verhaftung abgenommen hatte.

Der Ausweis, den ich erhielt, war allerdings ein sogenannter PM12, ein vorläufiger Ausweis.

Jeder Polizist wusste, was das für ein Dokument ist und dass der Inhaber in Haft war. Dieser PM12 war unter anderem auch ein Rückfahrschein in den Knast.

Wegen der Amnestie erhielt ich Auflagen. Ich durfte den Bezirk Gera nicht verlassen und musste mich regelmäßig bei meinem ABV (Abschnittsbevollmächtigter) melden.

Mir wurde eine Arbeit als Anbinder in der „WEMA UNION" in Gera zugewiesen.

Mein Brigadier wusste, warum ich in Haft war. Deshalb drohte er mir immer wieder mit einer Anzeige, wenn ich irgendetwas über die Haft erzählen würde.

Auch hier durfte ich nur eine Arbeit als Hilfsarbeiter verrichten.

Damals wohnte ich immer noch bei meinen Eltern, aber nicht mehr in ihrer Wohnung. Sie gaben mir ein Zimmer im Parterre.

Dorthin zog ich, nachdem ich aus dem Knast kam. Das Zimmer war ein Loch, aber ich hatte keine andere Wahl (Wohnungsknappheit in der DDR).

Ich besaß einen Kohleofen, ein Bett, einen Tisch und zwei Stühle. Waschen oder baden konnte ich mich bei den Eltern, die oben im dritten Stock im Luxus lebten.

Neben unserem Haus befand sich die Gaststätte „Zur Linde". Jeden Mittwoch war dort Skatabend und jeden Samstag Disco oder auch Tanz mit einer Kapelle. Für ein Glas Bier bezahlte man damals 40 Pfennig und für ein Schnitzel 2,50 Mark.

Die nächste Katastrophe

Als Mitglied in unserem Fußballverein spielte ich in meinem Heimatort wieder Fußball. Dadurch hatte ich Kontakt zu anderen Jugendlichen.

Eines Tages gingen wir abends nach dem Fußballtraining auf ein paar Bier in unsere Kneipe, spielten Skat, aßen etwas und hatten unseren Spaß. Danach machte ich mich gutgelaunt auf den Weg nach Hause.

Als ich die Haustür öffnete, empfing mich mein Stiefvater: „Und, hast du wieder gesoffen?"

Mit einem Schlag war meine gute Stimmung zunichte.

Ich explodierte! Meine auf ihn schon lang angestaute Wut brach plötzlich aus mir heraus: „Du bist nicht mein Vater und hast mir gar nichts zu sagen. Mein Vater lebt im Westen!"

Noch am selben Abend beschloss ich, das Haus, in dem diese Menschen wohnten, so schnell wie möglich zu verlassen.

Ich ging zu Mutter, sagte ihr, dass ich es hier nicht mehr aushalte, und verlangte von ihr, mir mein Erspartes auszuhändigen.

Ohne groß nachzudenken, einfach aus meinem Frust heraus, sagte ich ihr: „Ich hau ab!"

Das waren meine letzten Worte. Es gab nichts mehr zu sagen. Meine Mutter gab mir, was ich verlangte. Es waren ungefähr 300 Mark.

Ich packte meine Sachen, ging zum Bahnhof und fuhr mit dem Zug von Töppeln nach Gera.

Ich hatte keinen Plan, wie es weitergehen sollte. Ich war einfach nur froh, dass ich dort raus war. Spontan kaufte ich mir eine Fahrkarte nach Leipzig und fuhr mit dem nächsten Zug dorthin.

Im Leipziger Bahnhof angekommen, ging ich in die Bahnhofsgaststätte „Mitropa", aß dort eine Gulaschsuppe und trank ein Bier. Ein kleines Bisschen genoss ich das Gefühl, frei zu sein.

Aber nicht lange. Eigentlich wollte ich im Hotel gegenüber dem Leipziger Bahnhof übernachten. Aber dazu kam es nicht mehr.

Als die Tür aufging, traten zwei TRAPO (Transport-Polizisten) ein. Sie gingen wahllos von Tisch zu Tisch und kontrollierten die Besucher.

Bei mir angekommen, sagten sie zu mir: „Guten Abend, Ausweiskontrolle." Ich zeigte meinen PM12.

Einer der Polizisten öffnete seine Seitentasche, holte ein Heftchen (ein Fahndungsbuch) heraus und schaute hinein.

Dann kam die Aufforderung: „Kommen Sie bitte mit, wegen der Klärung eines Sachverhaltes."

Damit hatte ich überhaupt nicht gerechnet. Der normale Ablauf wäre eigentlich gewesen, mich in den nächsten Zug zurück nach Gera zu setzen und meiner zuständigen Polizeibehörde über den Vorfall Bescheid zu geben.

Ich bezahlte und folgte den Polizisten.

In der Wache angekommen sagte man mir, dass eine Anzeige wegen Republikflucht vorläge, und fragte mich, was ich jetzt in Leipzig wolle, da ich ja einen PM12 besäße.

Ich erklärte, dass ich mich mit meinem Stiefvater gestritten hatte und dass ich erst vor kurzem erfahren hatte, dass mein leiblicher Vater in die BRD geflüchtet sei.

Dieser unüberlegte Satz war mein Genickbruch!

Denn daraufhin sagte einer der Polizisten: „Und Sie wollen jetzt auch die DDR verlassen?"

Ich antwortete: „Nein!"

Es dauerte eine ganze Weile, bis ein Haftrichter kam und mir den Haftbefehl wegen § 213 vorlas.

Danach ging es für mich direkt in die Untersuchungshaft Leipzig, in die Kästnerstraße.

Ich war mir keiner Schuld bewusst. Als ich das dort meinen Mitgefangenen erzählte, gaben sie mir den Rat, Haftbeschwerde beim Generalstaatsanwalt einzureichen. Was ich auch tat.

Nach einer Woche ging die Zellentür auf und ein Schließer schrie: „Beil, Sachen packen, Entlassung!" Ich bedankte mich bei meinen Mitgefangenen und ging.

Ich blieb diese Nacht noch in Leipzig und fuhr am anderen Tag wieder zurück nach Gera. Dort musste ich mich bei der Polizei melden, wegen Verstoß gegen das Aufenthaltsrecht.

Es wurde gegen mich Anklage erhoben. Man verurteilte mich zu sechs Monaten Haft, plus die sechs Monate von der Amnestie. Also zu einem Jahr Freiheitsentzug.

Ich war ein sogenannter „Selbststeller". Das bedeutet, dass man von der jeweiligen Haftanstalt gesagt bekommt, wann man seine Strafe antreten soll und wo. Es sollte aber anders kommen.

Ich befand mich mit ein paar Freunden in der Gera-er Gaststätte „Alt Gera". Wir tranken gerade ein Bier, als plötzlich vier Männer in das Lokal kamen, auf unseren Tisch zuliefen und mich ansprachen: „Beil, es ist so weit!"

Noch in der Gaststätte erfolgte meine Verhaftung. Ich war zwar innerlich aufgewühlt, aber nach außen bewahrte ich die Haltung und trank noch in Ruhe mein Bier aus.

Danach wurden mir die Handschellen angelegt. Ich frage mich heute noch, aus welchem Grund. Dann verließ ich mit den vier Herren das Lokal.

Ich kam direkt in die U-Haft nach Gera, in die Grei-zer Straße. Das war hinter der Hand gesagt: Die längste Straße der Stadt. Man kam dort rein und erst nach Jahren wieder raus.

Erwachsenenvollzug Torgau

Nach zwei Wochen ging es mit dem „Grotewohl-Express" nach Torgau.

Diesmal war ich volljährig und kam in einen Erwachsenenvollzug.

Und wieder begann das Spiel von vorn.

Wir kamen alle in eine Aufnahmezelle. Danach ging es zum Duschen, Entlausen und zum Arzt. Und wieder diese Untersuchung und wieder...

Nach ein paar Tagen wurde ich auf Station 14 verlegt, eine 30-Mann-Zelle, mit 27 Häftlingen. Insgesamt 54 m^2 für 30 Mann. Zum größten Teil Vergewaltiger, Kinderschänder, Totschläger, politische Häftlinge und ein paar kleine, einfache Diebe und Betrüger.

Vom Zellensprecher bekam ich einen Spint und einen Platz in einem dreistöckigen Bett zugewiesen. In der Zelle befanden sich drei Waschbecken (es gab nur kaltes Wasser), drei Toiletten und zwei tragbare Kübel. Dass da Ärger vorprogrammiert war, versteht sich von alleine. Von Schlägereien bis Vergewaltigung war alles dabei. Letzteres wurde aber meistens verschwiegen.

Auch Selbstmorde gab es.

Ich persönlich sah einen Häftling an den Fenster-stäben hängen, 21 Jahre alt. Er hatte wegen Diebstahl in mehreren Fällen anderthalb Jahre bekommen. Er war regelmäßig dort vergewaltigt worden und hatte es nicht verkraftet.

Ich dagegen, so schlimm wie es klingt, war schon abgestumpft, was die Vergewaltigungen betraf. Mehr sage ich nicht dazu.

Arbeiten musste ich natürlich auch. Und so kam ich zur ELMO (Elektro-Motoren-Werk Torgau). Das Werk befand sich dieses Mal in der Strafvollzugsanlage.

Planvorgabe waren jeden Tag 100 Prozent. Alles, was darunter war, wurde bestraft. Zum Beispiel hast du weniger Essen bekommen, im schlimmsten Fall gab es wieder Arrest.

Einkaufen konnten wir auch. Im Schnitt hatten wir circa 15 bis 30 Mark im Monat zur Verfügung. Manchmal auch etwas mehr. Davon kaufte ich mir größtenteils Tabak, Pflaumenmus, Zucker, Salz, Saft oder Kastenkuchen.

Das Essen dort war eine Katastrophe. Oft gab es Sachsenspeck-Sülze mit Borsten und Schwarte.

Der Haftalltag, 6:30 Uhr aufstehen, 7:30 Uhr arbeiten im Drei-Schicht-System.

Wir durften jeden Tag eine Stunde zum Freihof, außer bei dichtem Nebel oder Regen, wegen Fluchtgefahr.

Abends gab es die Möglichkeit, fernzusehen. Dafür befand sich ganz oben im Zellenhaus ein Fernsehraum.

Es gab ein Fernsehbuch, in das sich prinzipiell jeder eintragen konnte. Letztendlich entschied aber der Brigadier, wer Fernsehen durfte und wer nicht.

Kurz vor zwanzig Uhr kam er begleitet von einem Wachposten in die Zelle herein, um die Namen der Auserwählten aufzurufen.

Politische waren ausgeschlossen, außer du hast dich mit dem Brigadier gutgestellt oder hast ihn an dich herangelassen.

Ich durfte einmal fernsehen. Ein Fußballspiel. Als Gegenleistung bekam der Brigadier eine Schachtel Zigaretten von mir. Das war es mir wert!

Es gab Besuchszeiten. Einmal im Monat durften Angehörige für eine Stunde in den Knast kommen.

Ich bekam nie Besuch und fand mich damit ab. Meiner Oma wollte ich das nicht zumuten. Deshalb bat ich sie auch nicht darum. Von den anderen hatte ich nichts Anderes erwartet.

Zu Ostern, Weihnachten oder wenn man sehr gut gearbeitet oder gut geschleimt hatte, durfte man auch mal ein Paket erhalten.

Diese Pakete wurden vorher von den Wärtern geöffnet. Würste wurden zerschnitten, Brote in Scheiben geschnitten, Briefe geöffnet und gelesen.

Ich bekam kein Einziges.

Manchmal nachts, wenn alles still war, hörte man Schreie aus den Arrestzellen oder, wenn mal wieder einer der Gefangenen missbraucht wurde.

Entlassung

Aber auch diese Zeit verging und ich wurde entlassen.

Ich fuhr mit der Bahn nach Leipzig und setzte mich in die „Mitropa" (Bahnhofsgaststätte). Dort habe ich erst einmal einen gehoben und schön gegessen. Danach ging ich noch in den „Auerbachkeller" und in den „Thüringer Hof" und ließ es mir gut gehen. Abends fuhr ich dann mit dem Zug nach Hause.

Und wieder hatte ich Auflagen, wie Aufenthaltsbeschränkung und Arbeitsplatzbindung. Das bedeutete für mich, dass ich nicht kündigen oder der Arbeit fernbleiben durfte.

Ich wurde in einen sozialistischen Betrieb eingegliedert und arbeitete gezwungenermaßen im Betrieb OGS (Obst-Gemüse-Speisekartoffeln) in Gera.

Diese Arbeit war absolut unter meinen Erwartungen. Obwohl ich einen Staplerschein besaß und als Staplerfahrer arbeiten sollte, verwehrte man mir diese Arbeit.

Dafür musste ich Konserven auf eine Palette stapeln, diese mit einem Hubwagen nach draußen befördern und den dort wartenden LKW mit der Hand beladen.

Die Zeit verging und mein Leben plätscherte so dahin.

Meine Eltern und ich hatten uns nichts mehr zu sagen. Ich versuchte, mein Leben so gut wie möglich zu leben, ging aus und traf mich mit Freunden.

Fluchtversuch

Und dann begann für mich die schwerste Zeit meines Lebens.

Es war ein kalter Dezemberabend im Jahr 1975. Ich saß mit drei meiner Fußballkameraden zum Skat in der Kneipe.

Wir tranken Bier, nahmen ein paar Schnäpse zu uns, aßen etwas und plauderten. In den Gesprächen kristallisierte sich heraus, dass sie alle Ähnliches wie ich erlebt hatten. Damit meine ich Gewalt in der Familie.

Schließlich kam das Gespräch auf das Thema BRD. Auch sie wollten am liebsten aus der DDR raus.

Da ich die Drei schon seit meiner Kindheit kannte, hatte ich keine Hemmungen, mit ihnen über dieses Thema zu sprechen. Im Gegenteil, ich fühlte mich bestätigt und gestärkt.

Und schon waren wir mitten im Planen. Gemeinsam wollten wir über das Meer flüchten, in die Freiheit, und das schon am nächsten Tag.

Für manche scheint das blauäugig gewesen zu sein, aber so sehe ich das nicht. Natürlich wusste ich, wie gefährlich das war. Aber auch eine langgeplante Flucht konnte scheitern, bzw. scheiterte sehr oft. Also spielte ich Russisches Roulette. Es gab nur zwei Möglichkeiten. Das war mir bewusst.

Am nächsten Morgen fuhren wir, wie geplant, mit der Bahn von Gera nach Leipzig und dann nach Berlin. Dort blieben wir einen Tag und eine Nacht.

Wir besuchten den Fernsehturm und schauten von dort aus schon mal gegen Westen. Danach kehrten wir in die bekannte „Mokka-Milch-Eisbar" ein und verbrachten den Abend in einer Nachtbar.

Am nächsten Morgen ging es von Berlin aus weiter mit der Bahn nach Rostock.

Am Ziel angekommen, stellten wir aber fest, dass unser Plan scheitern würde, denn der Hafen war zu gut bewacht.

Also entschieden wir uns für Plan B. Wir wollten es über die „Grüne Grenze" versuchen und fuhren nach Marienborn.

Dort gingen wir in einen nahegelegenen Wald. Es war bitterkalt und hatte geschneit.

Als wir in einer Lichtung eine Scheune sahen, beschlossen wir hinzugehen. Wir hatten ziemlich großen Hunger und froren.

Dort angekommen, sahen wir in der Scheune einen alten Traktor stehen und Stroh liegen.

In das legte ich mich hinein, denn ich war total übermüdet.

Meine drei Freunde aber beschlossen, noch einmal zurückzugehen, um Essen zu besorgen. Ohne mir Gedanken darüber zu machen, schlief ich tief und fest ein.

Es muss wohl gegen Morgen gewesen sein, als ich hörte, wie jemand schrie: „Kommen Sie mit erhobenen Händen raus!"

Ich wusste im Moment gar nicht, was los war, und wollte die anderen wecken. Da erst merkte ich, dass ich alleine war. Schlagartig war mir bewusst, dass ich verraten wurde.

Als ich die Scheunentür öffnete, schien mir die Morgensonne ins Gesicht.

Jetzt sah ich sechs, ganz in Weiß gekleidete Grenzer im Halbkreis stehen. In der Hand eine Kalaschnikow, die auf mich gerichtet war. Einer der Grenzer schrie mich an: „Eine falsche Bewegung und ich puste dir dein Gehirn weg!"

Man befahl mir, mich auf den Boden in den Schnee zu legen. Dabei musste ich meine Arme und Beine breit auseinanderstrecken (Fliegerstellung).

Der Grenzer kam auf mich zugerannt, kniete sich über mich und griff mir zwischen die Beine. Dabei schrie er: „Solchen Staatsverrätern reißen wir die Eier raus!"

Danach wurden mir Fuß- und Handfesseln angelegt. So lag ich ewig lange im Schnee. Bis endlich ein „W 50" (Gefangenentransporter) kam, auf den ich verfrachtet wurde.

Ich wurde in das Stasi-Gefängnis „Magdeburg Moritzplatz" gebracht. Dort kam ich sofort in Dunkelhaft.

Dunkelhaft. Das bedeutete ein Loch, drei Meter lang, zwei drei Meter breit. Kein Fenster! An der Wand klebte eine Pritsche, die nur nachts runtergeschnallt wurde. Es gab nur einen Hocker.

Der wurde mir, weil ich die Namen der anderen nicht verraten hatte, auch noch weggenommen. Also hatte ich den ganzen Tag keine Sitzgelegenheit.

So saß ich die ganze Zeit auf dem Boden, habe Lieder vor mich hin gesungen, irgendetwas aufgesagt oder mich auf eine Stelle gestellt und mich um meine eigene Achse gedreht. Mal rechts, mal links herum.

Durch die kleine Zustellklappe an der Zellentür wurde das Essen durchgeschoben. Zwei Schnitten, ein ganz kleines Stück Margarine, wenn sie gute Laune hatten, eine Scheibe Sülze, zum Frühstück ein Klecks Marmelade dazu und Muckefuck. Die Brotscheiben waren eher nass als trocken, eine klebrige Masse. Davon habe ich mir etwas aufgehoben: Kleine Kügelchen geknetet, sie trocknen lassen, um damit später mit den Fingern Fußball zu spielen.

Nur nicht unterkriegen lassen, einen klaren Kopf behalten und immer irgendwie in Bewegung bleiben.

Bei Notdurft musste ich die Notglocke betätigen. Wenn ich Glück hatte, wurde die Tür geöffnet und ich durfte auf einen Kübel gehen. Wenn nicht, blieb mir nichts anderes übrig, als meine Notdurft in meiner kleinen Zelle zu verrichten. Das wiederum bedeutete für mich Ärger.

Ich hatte kein Zeitgefühl oder irgendeine Orientierung mehr. In unregelmäßigen Abständen ging die Zellentür auf und ein grelles Licht strahlte mich an. Ich musste die Hände vor die Augen halten, damit ich nicht erblinde. Dabei wurde ich immer wieder nach den Namen meiner sogenannten „Kumpels" gefragt.

Ich aber schwieg.

Dies ging über mehrere Tage und Wochen. Irgendwie versuchte ich, diese beschissene Situation zu überleben. Ich habe keine Ahnung, woher ich den Lebenswillen und die Kraft dafür genommen habe.

Nach 63 Tagen kam ich aus der Dunkelhaft und wurde in eine Vier-Mann-Zelle verlegt. Noch am selben Tag musste ich zu einem Oberst zum Verhör.

Der zollte mir zuerst Respekt, indem er mir sagte, dass er nicht gedacht hätte, dass ich diesem Druck standhalten würde. Trotzdem müsste ich die Namen sagen. Als ich ihm antwortete, dass er sie doch schon längst wüsste, sah er mich verdutzt an, nickte und sprach:

„Beil, da siehst du mal, was du für Freunde hast! Die sind in das nächste Dorf gegangen und haben das dem Kneiper erzählt. Der hat dann die Polizei verständigt."

Weiter behauptete er, dass man noch am selben Abend die Drei in der Nähe vom Bahnhof verhaftet hätte, dass die sich aber hier nicht mehr in Haft befinden würden.

Nach weiteren Vernehmungen wurde ich nach Rostock überstellt. Dort kam ich in eine Sechs-Mann-Zelle und wartete auf den Transport nach Gera und auf weitere Vernehmungen.

Meine Verräter hatten gesagt, dass wir über das Meer flüchten wollten. Was blieb mir anderes übrig, als dem zuzustimmen.

In dem Vernehmungsprotokoll stand unter anderem, dass die Paragraphen 44 und 48 anzuwenden seien. Das bedeutete für mich, dass ich nicht unter drei Jahren Haft wegkommen würde. Nach oben keine Grenzen gesetzt.

Nach vier Wochen Rostock ging es für mich mit dem „Grotewohl- Express" zurück nach Gera.

Drei Wochen später begann für mich die Verhandlung am Landgericht.

Ich wurde im Gericht buchstäblich auseinander genommen. Politische Gerichtsverhandlungen waren eigentlich nicht öffentlich. Aber meine war wahrscheinlich eine Musterverhandlung, denn eine Schulklasse (8. Schuljahr), war auch anwesend.

Nach zwei Stunden hielt der Staatsanwalt sein Plädoyer und forderte eine Freiheitsstrafe von fünf Jahren und sechs Monaten.

Der Richter verurteilte mich letztendlich zu drei Jahren Haft.

Mein Rechtsbeistand, ein prima Rechtsanwalt, konnte für mich nichts machen. Das Urteil stand schon von vornherein fest.

Wo ich meine Haft absitzen sollte, wurde nicht gesagt. Erst von der Kleiderkammer erfuhr ich, dass ich nach „Waldheim" komme.

Mit dem Haftzug ging es erst einmal nach Leipzig.

Dort angekommen, stand ein „Interzonenzug" aus der BRD. Viele Menschen befanden sich auf dem Bahnsteig und sahen uns in Hand- und Fußfesseln, bewacht wie Schwerstverbrecher, von schwer bewaffneten Aufsehern, mit Hunden und MP's.

Wir liefen durch die Katakomben des Hauptbahnhofes, an dessen Ausgang ein W 50 zum Weitertransport auf uns wartete.

Nach ungefähr einer Stunde Fahrzeit kamen wir in der Schleuse der Haftanstalt an. Dort mussten wir das Fahrzeug verlassen und wurden Parterre, in die dort gelegene Aufnahmestation des Hafthauses gebracht.

Und wieder dieselbe Prozedur. Wir wurden nach Filzläusen untersucht, eingepudert und mussten uns duschen. Dann ging es zurück in die Zelle. Nach einem Aufnahmegespräch wurde ich einem Arbeitsbereich zugewiesen.

Ich kam wieder in eine 30-Mann-Zelle und bekam in der dritten Etage eines vierstöckigen Bettes einen Schlafplatz zugeteilt.

Drei Waschbecken, zwei Toiletten, zwei Kübel und nur kaltes Wasser.

Im Verwahrraum, Zelle 3, standen Tische und Bänke, an denen zehn Mann Platz fanden. Vier Spinde waren noch leer.

Und wieder war ich mit Mördern, Vergewaltigern, Ausländern (meistens Algerier), Männern, die wegen ihrer Homosexualität bestraft wurden, und kleinen „Eierdieben" zusammen.

Eine explosive Mischung!

Vergewaltiger standen ganz unten in der Hierarchie der Häftlinge und wurden oft Opfer von Vergewaltigungen.

Häftlinge, die andere Häftlinge anzinkten, bekamen eine Sonderbehandlung. Da kam am Abend der „Schwarze Mann". Es kam vor, dass besagter Häftling dann am anderen Morgen in das Haftkrankenhaus eingeliefert werden musste.

Mir blieb das weitestgehend erspart, bis auf einen Zwischenfall. Als ich im Bett lag und sich ein anderer Häftling zu mir legen wollte, wehrte ich mich heftig. Dabei fiel er vom dritten Stock aus dem Bett. Für mich hatte das zur Folge, dass ich 21 Tage strengen Arrest bekam.

Arbeiten musste ich wieder im Drei-Schichtsystem.

Ich musste Schlösser mit Gummipfropfen bestücken. Dabei führte ich Arbeiten an einer Stanze durch, mit der ich die Teile in die Autotürschlösser drückte. Ein Teil der Ware ging in die BRD zum Fahrzeughersteller „M.A.N.", der andere Teil wurde in unsere W 50 oder „KRASS" (DDR-LKW) eingebaut.

Ausreiseantrag und seine Folgen

Als politisch Inhaftierter war ich wieder einfach nur der letzte Dreck. Ich hatte es satt und stellte in der Haftanstalt einen Ausreiseantrag.

Einige Tage später musste ich zum Anstaltsleiter.

Als ich eintraf, befanden sich noch zwei weitere Männer im Raum. Man befahl mir, mich zu setzen.

Einer der beiden, ich nenne ihn „Oberst Krause" sprach mich an: „So, Sie wollen also in die BRD zu Ihrem republikflüchtigen Vater?"

Ich antwortete mit „Ja".

Daraufhin erklärte er mir, dass meine Mutter sehr krank sei und im Sterben läge. Er legte mir ein Schreiben vor, welches die Handschrift meiner Mutter trug und in dem sie mich bat, meinen Antrag doch zurückzuziehen, aus Rücksicht auf ihre Gesundheit.

Ich überlegte keine Sekunde und zog den Antrag zurück.

Später, nach meiner Entlassung, fand ich heraus, dass das Schreiben zwar echt, der Wortlaut jedoch von der Stasi vorgegeben worden war.

Eines Tages, wir hatten gerade Spätschicht und gingen in unsere Arbeitshalle, sahen wir, dass sich an den Wänden Hakenkreuze befanden, verkehrt herum.

Wir mussten den Bereich sofort verlassen und kamen in einen Sonderraum.

Dort musste jeder von uns mehrere Hakenkreuze auf ein Blatt Papier zeichnen. Dabei stellte sich heraus, dass es keiner von unserer Schicht war.

Trotzdem wurde ich, wie ich Jahre später in meinen Haftunterlagen lesen konnte, zu den ersten Verdächtigen gezählt.

Wir mussten im Akkord arbeiten und immer 100 Prozent schaffen.

Ich war einer der wenigen, der immer das Geforderte ablieferte. Das zahlte sich für mich auch aus. Am Monatsende hatte ich dadurch immerhin 120 Mark zum Einkauf zur Verfügung.

Aber dann, eines Tages, wir waren gerade bei der Arbeit, wurde ich zum Meister in sein Büro gerufen.

Ohne etwas Schlechtes zu ahnen, klopfte ich an und ging hinein. Drinnen sah ich mehrere Kisten mit Schlössern stehen. Der Brigadier und der Meister nahmen ein Schloss aus der Kiste und fragten mich, ob dies meine Schlösser seien.

Ich bejahte, merkte aber dann, dass die Schlösser mit falschen Gummis bestückt waren, und zweifelte. Es waren knapp 500 Stück.

Ich wurde gefragt, ob ich eine Erklärung dafür hätte. Ich sagte: „Nein, das war ich nicht." Ich war mir keiner Schuld bewusst. Ich hatte bis dato immer gute Arbeit abgeliefert.

Aber noch in derselben Stunde wurde ich zu zwei Mal 21 Tagen strengem Arrest bestraft.

In dieser Zeit bekam ich auch nur die Hälfte zu essen.

Zum Frühstück nur ein Brötchen. Wenn es mal zu Mittag Fleisch gab, dann auch nur die Hälfte und abends wie fast immer nur eine Scheibe Brot mit Blutwurst.

Nach 42 Tagen Arrest war ich bis auf 40 kg abgemagert, und das bei einer Größe von 1,80 m.

Das war der Anstoß für mich, noch einmal einen Ausreiseantrag zu stellen.

Damit war ich nicht allein, drei weitere Häftlinge hatten ebenfalls einen solchen Antrag gestellt.

Dafür bekamen wir 21 Tage Arreststrafe. Noch während des Arrests schrieb jeder von uns (wir hatten das vorher so besprochen) einen Beschwerdebrief, in dem wir bekannt gaben, dass wir aus Protest die Arbeit für die DDR in der Haftanstalt niederlegen werden.

Ohne Gnade

Was dann folgte, war unmenschlich und macht mich noch heute fassungslos.

Nach 21 Tagen Arrest kamen wir in unseren Haftraum zurück.

Es war an einem Montag, gegen Mittag, als die Zellentür aufging und vier Bedienstete den Raum betraten. In der Hand hielten sie Handschellen. Einer, der „Rote Baron", schrie: „Beil, Kramer, Schultz und Körner (die Namen der anderen geändert) raustreten!"

Ohne etwas zu ahnen, traten wir aus dem Verwahrraum.

Wir mussten uns mit dem Gesicht zur Wand stellen, die Beine gespreizt. Danach bekamen wir Handschellen und Fußketten angelegt. Nachdem die Zellentür verschlossen wurde, bekamen wir auch Augenbinden umgebunden.

Vom dritten Stockwerk aus mussten wir mit verbundenen Augen die Eisentreppen hinuntergehen, an der Wache vorbei, links durch die Tür über den Hof.

Ich hörte das Knirschen der Schottersteine.

Irgendwann schrie ein Wächter: „Stehenbleiben! Ihr Staatsverbrecher wisst, warum ihr hier seid!"

Alle schwiegen.

Dann fing er wieder an zu schreien: „Ihr seid hier, weil ihr Sabotage am Volkseigentum begangen habt, in dem ihr die Arbeit niedergelegt habt. „Das ist strafbar nach § 104 des Strafgesetzbuches (STGB DDR) und ist mit dem Tod zu ahnden!"

Stille.

Dann: „Ladet das Gewehr!"   „Feuer!"

Ich wachte in einem 1 x 2 m großen Raum auf. Über mir kniete der „Rote Baron". Er griff mir zwischen die Beine und schrie: „Das nächste Mal ist es ernst!"

Von dort aus ging es für mich direkt wieder zur Arrestzelle. Die Strafe: Wieder zweimal 21 Tage Arrest.

Aus dem Arrest zurück, ich weiß nicht, wie ich das überlebt habe, wurde ich mit Hochachtung und Würde von meinen Zellengenossen empfangen.

Meine drei Mitstreiter habe ich nie wieder gesehen. Bis heute bleibt es für mich ein Rätsel, wo sie geblieben sind. Ich habe alles versucht, um sie zu finden, bekam aber nirgendwo Antworten.

Entlassung, mein Leben danach

Am 18. Dezember 1978 wurde ich entlassen. Bei meiner Entlassung bekam ich 285 Mark ausgehändigt. Und wieder wohnte ich in Töppeln, im ungeliebten Elternhaus, im kleinen Kabuff.

Dieses Mal wurde mir Arbeit als Hilfsarbeiter bei der WEMA-Union zugewiesen. Im Schnitt verdiente ich dort 380 Mark im Monat. Dort musste ich als Anbinder arbeiten. Das war eine knochenschwere Arbeit und gefährlich noch dazu. Und das für das wenige Geld.

Ich befestigte die Stahlrohre vorn und hinten mit Hanfseil, dann wurde das Rohr mit dem Kran angehoben und bis zur Werkbank des jeweiligen Arbeiters transportiert.

Dabei musste ich das Stahlrohr festhalten und darauf achten, dass beim Transport rechts und links von mir keiner verletzt wird.

Eine sehr gefährliche Aufgabe, denn wenn das Rohr aus der Halterung gerutscht wäre, hätte es den in der Nähe Stehenden schwer verletzen oder sogar töten können. Also auch mich.

Solche Unfälle waren keine Ausnahme, wurden aber verschwiegen. Zum Glück passierte in meiner Zeit nichts.

Mein zuständiger Brigadier war SED Mitglied und dazu noch ein total Überzeugtes. Gleich zu Anfang stellte er klar: Wenn ich irgendetwas Politisch Unkorrektes oder wenn ich von der Haftzeit erzählen sollte, schwärzt er mich an.

Mein Alltag bestand aus Arbeit, in die Kneipe gehen und schlafen. An den Wochenenden ging ich mit Freunden zur Disko oder zum Tanz.

Ab und zu lernte ich dort auch mal ein Mädchen kennen, aber es war nie etwas Festes dabei. So vergingen zwei Jahre wie im Flug.

Trotz Arbeitsplatzbindung habe ich Anfang 1980 bei der WEMA Union gekündigt.

Zum einen gab es große politische Meinungsverschiedenheiten zwischen mir und dem Kollektiv. Zum anderen hatte ich trotz Warnung einigen meiner Kollegen von meiner politischen Haft erzählt.

Einer von denen muss mich angezinkt haben. Daraufhin wurde mir nahegelegt, zu kündigen, ohne einen Verweis in der Akte.

Ich suchte mir so schnell wie möglich eine neue Arbeit, damit ich nicht wieder nach Paragraph 249, wegen asozialen Verhaltens ins Gefängnis kam.

Im Nachhinein betrachtet hätte ich mir das sparen können. Arbeit fand ich im Kartoffel-Lagerhaus Geißen.

Und wieder stellte man mich als Hilfsarbeiter ein. Ich sollte als Absacker arbeiten. Meine Aufgabe wäre es gewesen, unter einer Maschine Säcke zu halten, in die die Kartoffeln gefüllt werden.

Danach hätte ich die schweren Säcke zubinden und auf eine Palette stapeln müssen. Diese Arbeit verweigerte ich aber.

Jeder in der Firma wusste, dass ich im Gefängnis war. Dementsprechend musste ich Drecksarbeit machen, wie die Halle kehren und Gullys sauber machen. Ich war halt Mädchen für alles, mir blieb ja nichts anderes übrig.

1981 starb mein Stiefvater im Alter von 48 Jahren. Ich war froh, dass dieser Mensch aus meinem Leben verschwunden war. Ich weinte ihm keine Träne nach. Danach wurde die Beziehung zu meiner Mutter zwar annehmbarer, aber das, was geschehen war, konnte ich nicht vergessen.

Ich bekomme eine Familie

Im Kartoffel-Lagerhaus Geißen lernte ich meine Frau kennen.

Sie war verheiratet und hatte zwei kleine Kinder. Eine sehr unglückliche Frau, die fast jeden Tag von ihrem Mann geschlagen und vergewaltigt wurde.

Wie ich, hatte sie keine schöne Kindheit. Ihre Kindheit verbrachte sie größtenteils im Kinderheim und bei Pflegeeltern.

Sie war eine Frau, der ich mich völlig anvertrauen konnte, und sie sich mir.

Und so wurden wir ein Paar.

Zusammen mit ihren Kindern flüchtete sie zu Mutter und mir ins Haus. Dort lebten wir circa ein Jahr.

Danach bekamen wir unsere erste gemeinsame Wohnung in Gera Untermhaus. Eine Treuhand-Dreiraumwohnung in abrisswürdigem Zustand. Aber wir waren glücklich.

An einem Wochenende im Sommer 1982 fuhr ich mit meiner kleinen Familie nach Leipzig.

Wir hatten einen Besuch im Leipziger Zoo geplant und freuten uns darauf.

Sorgen wegen meiner Auflage machte ich mir nicht, mir stand ja nicht auf der Stirn geschrieben, dass ich das nicht durfte.

Und dann passierte es. Wir wurden auf dem Leipziger Hauptbahnhof kontrolliert.

„Die Ausweise bitte!" Ich holte meinen PM12 hervor und zeigte ihn dem Beamten. Ein kurzer Blick darauf, dann sagten sie mir, dass sie mich wegen der „Klärung eines Sachverhaltes" mitnehmen müssen.

Meine Freundin und ich sahen uns an. Ich bat sie, in der Zwischenzeit mit den Kindern in den Zoo zu gehen. Ich würde bestimmt bald nachkommen.

Nach einer Stunde Wartezeit bei der Transportpolizei im Hauptbahnhof betrat ein Offizier den Raum und informierte mich, dass ich mich in Gera bei der Kripo zu melden hätte.

Ich verließ die Wache, ging in den Zoo und traf dort auf meine Familie.

Ich erzählte meiner Lebensgefährtin, dass ich mich am nächsten Tag bei der Kripo in Gera zu melden habe und dass ich höchstwahrscheinlich wegen Paragraph 48, Verstoß gegen die Meldepflicht, angeklagt werde und mit einer Gefängnisstrafe von einem bis drei Jahren zu rechnen habe.

Meine Freundin war schockiert.

Am nächsten Tag ging ich in die Geraer Amthorstraße zur Kripo.

Oberstleutnant Meier (Name geändert) fing sofort an mich anzuschreien: „Na Beil, jetzt geht es wieder in die Wanne (Knast)."

Mir war klar, dass ich gegen den § 48 verstoßen hatte, und ich dachte, hier ist Endstation.

Aber der Richter erließ keinen Haftbefehl und ich konnte vorerst wieder gehen. Jedoch mit der Auflage, mich jeden zweiten Tag bei der Polizei zu melden.

Zwei Monate später bekam ich von der Staatsanwaltschaft meine Anklageschrift wegen des Verstoßes gegen den § 48.

Ich wurde zu einer Freiheitsstrafe von einem Jahr ohne Bewährung verurteilt und kam in das Gefängnis nach Torgau.

Torgau, das Tor zur Hölle

Wieder kam ich in eine Dreißig-Mann-Zelle und war unter Mördern, Vergewaltigern, einer Minderheit von Dieben und politischen Häftlingen.

Ich arbeitete wieder im Schichtsystem, diesmal bei der Firma E.L.M.O. (Elektromotorenwerke). Der Verdienst im Monat war 25 bis 40 Mark.

In diesem Gefängnis, an dem sich auch ein Jugendwerkhof anschloss, war die Brutalität einiger Häftlinge und Wärter alltäglich.

Einmal drehte ein Häftling durch und verwüstete seine Zelle. Sechs Wärter, die herbeigerufen wurden, stürzten sich auf ihn und schlugen ihn mit Gummiknüppeln. Danach fesselten sie ihn und zogen ihn an den Beinen hinter sich her, den Zellengang entlang und die Eisentreppe hinunter.

Hinter ihm zog sich eine Blutspur. Ich werde diesen Anblick niemals mehr in meinem Leben vergessen!

Ich konnte diesen Vorfall beobachten, weil ich gerade zum Arzt unterwegs war. Plötzlich ging die Sirene und durch den Lautsprecher schallte der Ruf durch das Zellenhaus: „Einschluss!"

Das hieß, dass alle, die sich noch in dem Gang befanden, neben ihre Zellentür zu treten hatten, mit dem Gesicht zur Wand.

Danach kamen die Wärter, schlossen die Tür auf und die Häftlinge mussten eintreten. Daraufhin wurde die Zellentür wieder verschlossen.

So konnte verhindert werden, dass dieser Vorfall von den anderen Häftlingen beobachtet wird.

Noch am selben Tag musste ich zum Oberleutnant, der mir ein Schreiben vorlegte, in dem geschrieben stand, dass ich nichts gesehen habe. Das musste ich unter Androhung einer anderen Strafe unterschreiben.

Noch heute sehe ich diese Blutspur oft im Traum.

Den Häftling habe ich nie wieder gesehen.

Aus Spaß wird Ernst

Wir spielten in der Zelle einen Ritterfilm nach. Einer der Häftlinge hatte eigens dafür unter seinem Bett eine Eisenstange verwahrt, die er von einem Bettgestell abgerissen hatte und nun als Lanze verwendete.

Plötzlich rastete er beim Spiel völlig aus. Ich wollte noch zur Seite springen, aber er schlug mir mit der Eisenstange voll auf meine Körperseite ein. Unter starken Schmerzen brach ich zusammen.

Kurz darauf brachte man mich zur Krankenstation. Der Arzt, der mich abtastete, befahl: „Sofort ins Haftkrankenhaus nach Leipzig-Meusdorf, Verdacht auf Rippenbruch!"

Zum Glück bestätigte sich das später nicht.

Aber als ich dort auf der Pritsche lag, betrat plötzlich ein Sanitäter den Raum, der zum Arzt sagte: „Todeszeitpunkt 20.45 Uhr."

Ich hatte mir vor Schreck fast in die Hose gemacht, denn ich dachte, das beträfe mich. Politische Häftlinge starben schon mal plötzlich. Kurz darauf sah ich aber zum Glück eine abgedeckte Person im Nebenraum liegen und war erleichtert.

Noch am selben Abend kamen Kripobeamte zu mir. Die wollten, dass ich gegen den Häftling eine Anzeige mache. Ich lehnte konsequent ab, denn ich wusste ja, was mit „Anscheißern" passiert.

Zwei Wochen später, genau nach einem Jahr, wurde ich entlassen.

Meine Freundin hatte die ganze Zeit zu mir gehalten und auf mich gewartet.

Ich heirate eine Familie

1984 ließ sich meine Lebensgefährtin von ihrem gewalttätigen Mann scheiden.

Am 28. Februar 1986 gaben wir uns das Ja-Wort.

Wir feierten im kleinen Kreis im Geraer Theater-Café. Mutter und meine Oma feierten mit uns. Oma freute sich für uns so sehr, dass sie uns sehr großzügig mit Geld beschenkte.

Die Kinder meiner Frau akzeptierten mich und ich sie. Wir genossen unser Familienleben.

In dieser Zeit war ich einfach nur glücklich. Die nächsten Jahre verlief mein Leben in geordneten Bahnen.

Bis August 1989 galten für mich immer noch die Auflagen, die ich aber aus Trotz nicht immer einhielt.

Zum Glück wurde ich nicht mehr erwischt.

Wende

Seit langem brodelte es in der DDR. Als die Montagsdemos in der DDR begannen, arbeitete ich in der AGRO-Technik Gera als Stapelfahrer.

Ab September 1989 versammelten sich Tausende von Bürgern. Zuerst in den Kirchen und vor den Kirchen der größeren Städte. Später zogen tausende Menschen mit Plakaten und Fackeln durch die Straßen von Leipzig, Dresden und Ostberlin und riefen „Wir sind das Volk!"

Einmal war ich in Leipzig mit dabei. Auf den Straßen befanden sich Tausende von Menschen, auf den Dächern hunderte von Scharfschützen. Geschossen wurde zum Glück nicht.

Am anderen Tag verlor ich meine Arbeit, mit der Begründung, gegen die Norm des Sozialismus verstoßen zu haben.

Ich hatte Freitag zuvor meinem Chef angekündigt, dass ich am Montag nicht erscheine, weil ich nach Leipzig zur Montagsdemo gehe.

Es war der 30. September 1989. Ich befand mich mit Freunden im „Deutschen Haus" in Untermhaus zum Skatspielen, als der Wirt auf einmal das Radio laut aufdrehte, so dass wir die für uns zuerst unbegreiflichen, dann aber doch so hoffnungsvollen Worte durch den Sender RIAS mithören, nein, miterleben konnten.

Der Außenminister der Bundesrepublik Deutschland, Hans Dietrich Genscher, sagte auf dem Balkon der Prager Botschaft zu tausenden DDR-Bürgern, die dort Zuflucht gefunden hatten, den hoffnungsbringenden Satz: *„Liebe Landsleute, wir sind zu Ihnen gekommen, um Ihnen mitzuteilen, dass heute Ihre Ausreise …“* Der Rest ging in allgemeinem Jubel unter.

Ungläubig schauten wir uns an. Sollte das wirklich wahr sein?

Unser Gehirn weigerte sich zuerst, das zu glauben. Aber dann, als wir den Jubel über das Radio hörten, der aus Tausenden Kehlen erklang, sprangen wir alle auf, fielen uns in die Arme und führten Freudentänze auf.

Mir gingen viele Gedanken durch den Kopf, besonders ein Wort: „Freiheit“.

Es sprach sich herum, dass der Zug in die Freiheit durch Dresden fahren würde.

Tausende von Menschen wollten zum Dresdner Bahnhof, um den Menschen im Zug zuzuwinken und mit ihnen ihre Freude zu teilen.

Auf dem Weg von der Prager Straße bis zum Bahnhof wurden Menschen von der Stasi und der Volkspolizei niedergeknüppelt. Hunderte Schwerverletzte, darunter auch Kinder, waren zu beklagen.

Hunderte Menschen wurden verhaftet und in die Stasihaftanstalt Bautzener Straße gesperrt. Seitdem bekam diese Straße den Beinamen „Blutstraße".

Wiedervereinigung, ich lerne meinen Vater kennen

Der Rest ist allen bekannt. Am 9. November 1989 fiel die Berliner Mauer und die grüne Grenze wurde geöffnet.

Danach kam die Wiedervereinigung, damit auch die Abwicklung vieler Betriebe.

Das erste Mal in meinem Leben musste ich mich auf einem Amt arbeitslos melden und Stütze beantragen.

In der DDR wäre dies nicht vorstellbar gewesen. Es gab für alle Arbeit. Wenn einer nicht arbeiten wollte, wurde er als Arbeitsverweigerer nach Paragraph 249 verurteilt.

1995 starb meine liebe Oma, kurz darauf auch ihr Sohn, mein leiblicher Vater.

Er war 61 Jahre alt. Ich hatte ihn bis dahin nur zwei Mal zu Gesicht bekommen.

Nach der Wende zog er wieder zurück in seine Heimatstadt Schleiz.

Als ich ihn das erste Mal traf, saß da ein kleiner, dicker Mann mit Halbglatze in Omas Stube. Auf dem Tisch standen jede Menge Tabletten und sein Asthmaspray.

Als er mich sah, sagte er nur: „Ach, du bist der Burkhard." Ich antwortete: „Ja Burkhard, ich bin der Burkhard."

Ob ich nicht mal für ihn Bier holen könne, war das nächste, was er sagte. Sonst keinerlei Emotionen oder irgendwelche Regungen. Das waren die Momente in meinem Leben mit meinem leiblichen Vater.

Absturz

Jetzt begann für mich eines der dunkelsten Kapitel in meinem Leben. Ich hatte keine Arbeit, lebte nur von Stütze und sah für mich keinerlei Perspektiven.

So hatte ich mir das neue Leben in einem vereinten Deutschland nicht vorgestellt. Aus Enttäuschung wurde fast Hass.

Ich bemühte mich, dem entgegenzuhalten. Ich wollte unbedingt wieder arbeiten. Arbeit fand ich aber nicht und das Arbeitsamt wies mir immer nur mindere Hilfsarbeiten zu, und das auch nur in Teilzeit.

Nach und nach rutschte ich immer mehr in den Alkoholkonsum ab.

Und so fing das Hamsterrad an sich zu drehen.

Je mehr ich trank, desto mehr holte mich meine Vergangenheit ein. Nun griff ich erst recht zur Flasche.

In Spitzenzeiten trank ich bis zu zehn Flaschen Bier am Tag, dazu noch hochprozentigen Schnaps.

Ich isolierte mich immer mehr und verlor dadurch auch noch die Hilfsarbeit. Es interessierte mich nicht die Bohne, was mit mir passierte, ob ich verrecke oder nicht. Abends trieb ich mich in Bahnhöfen herum und versoff meinen letzten Verstand.

Es war abzusehen, dass meine Frau das nicht lange mitmachte. Eines Tages zog sie die Reißleine und schmiss mich aus der Wohnung. Nun war ich heimatloser, war überall und nirgends, schlief draußen größtenteils auf Bänken.

Bis eines Tages meine Frau vor mir stand. Wir unterhielten uns und ich ging mit ihr wieder nach Hause.

Dort soff ich weiter, ich war voll in der Sucht. Ich war so weit runter, ich konnte nicht einmal die Kaffeetasse halten. Ich konnte nicht anders und es wurde noch schlimmer.

An dieser Stelle möchte ich betonen, dass ich trotz meiner Sucht niemals meine Frau oder deren Kinder geschlagen habe.

Aber die Zeit mit mir war wirklich eine Zumutung für meine Familie.

Irgendwann hatte ich einen Zusammenbruch. Als ich wieder aufwachte, lag ich im Krankenhaus. Dort machte mir der Arzt unverblümt klar: Wenn ich nicht sofort mit dem Saufen aufhöre, werde ich das Jahr nicht überleben.

Ich entließ mich selbst aus dem Krankenhaus und soff trotz Warnung weiter. Bis zu dem Tag, an dem mir meine Frau klipp und klar sagte: Entweder du lässt dir helfen oder ich lasse mich scheiden. Das kam an.

So schnell es ging, suchte ich mir eine Psychiaterin, der ich ungeschminkt meine Geschichte erzählte.

Ihre Antwort darauf: „Sie müssen sofort ins Krankenhaus zu einem Entzug."

Das aber lehnte ich ab und bat sie um eine andere Lösung. Sie merkte, dass es mir ernst war, und unterhielt sich mit mir über eine Möglichkeit, wie ich den Entzug ohne Krankenhaus vollziehen könnte.

Sie bot mir an, mich bei einem kalten Entzug zu Hause zu begleiten, machte mir aber auch klar, dass sie das normalerweise nicht dürfe. Dies wäre eine absolute Ausnahme.

Erleichtert nahm ich ihren Vorschlag und ihr Angebot an.

Kalter Entzug

Einer meiner härtesten Kämpfe begann. Jeden Tag musste ich mir bei der Psychiaterin zwei Tabletten abholen. Eine für den Tag und eine für die Nacht.

So begann ich mit dem kalten Entzug.

Mir war bewusst, dass das lebensbedrohlich war, aber ich wollte es schaffen. Wie oft hatte ich schon schlimme Situationen durchgestanden. Ich wollte noch nicht sterben und ich wollte vor allem meine Familie nicht verlieren.

Schon am ersten Abend, und das trotz Tabletten, begann ich zu zittern und zu schwitzen was sich von Minute zu Minute steigerte. Es kamen extreme Schmerzen dazu. In der Nacht musste ich mehrmals aufstehen und mich duschen.

Jeden Tag die Tabletten abzuholen, war eine Qual für mich. Wie ich das geschafft habe, ist für mich heute noch unvorstellbar.

Nachts schlief ich aus Respekt meiner Frau gegen-über auf dem Sofa. Ich wollte sie mit meiner schlimmen Unruhe nicht stören.

Meine Beschwerden steigerten sich, jetzt kamen auch noch schlimme Halluzinationen dazu. Ich sah, wenn ich über die Sofalehne schaute, gelbe menschengroße Ameisenköpfe mit Fühlern. Für mich war das absolut real, ich dachte wirklich, dass dieses Getier existiert. Panik, Angst, Schwitzen, ich habe geschrien vor Angst.

Ich bin meiner Familie jetzt noch dankbar, dass sie diese Zeit mit mir durchgestanden hat. Das war nicht selbstverständlich und war für alle harter Tobak.

An Essen war in dieser Zeit für mich überhaupt nicht zu denken. Alles, was ich zu mir nahm, kam wieder heraus. Dies zog sich über zwei Wochen hin.

In dieser Zeit kamen noch schlimme Depressionen dazu und ich begann von den Vergewaltigungen und von der Scheinerschießung zu träumen.

Noch viele Jahre danach zuckte ich beim Geräusch eines Schlüsselbundes zusammen, weil es mich an die Schließer im Gefängnis erinnerte.

Nach circa drei Wochen konnte ich wieder essen und das Zittern und die Schweißausbrüche hörten auf.

Ich machte übrigens einen Doppelentzug, denn ich hörte gleichzeitig mit Rauchen auf.

Aber meine Depressionen wurden stärker. Ich zog mich vollends zurück und blieb nur noch zu Hause. Mein Zustand verschlimmerte sich immer mehr. An Einkaufen war überhaupt nicht mehr zu denken. Ich hatte immer mehr Angst vor Menschen, vor allem vor Menschenansammlungen.

Eine Freundschaft mit Männern zu schließen, war für mich nicht vorstellbar. Ich wollte und konnte mich auch nicht mehr an einen Tisch setzen, an dem sich ein Mann befand. Noch heute tue ich mich schwer damit. Mich zu einer Frau zu setzen, damit hatte und habe ich kein Problem.

Das zog sich über mehrere Jahre hin. Eine Arbeit konnte ich deshalb nicht mehr aufnehmen. Eines Tages erhielt ich eine Vorladung vom Arbeitsamt. Diesen Termin nahm ich natürlich wahr. Dort erzählte ich der Mitarbeiterin meine Situation, woraufhin sie mir einen Termin beim Amtsarzt gab.

Er schrieb mich sofort krank, mit der Auflage, einen Therapeuten aufzusuchen, und ich bekam eine Reha in einer psychosomatischen Klinik zugewiesen.

Dort bekam ich die eindeutige Diagnose „Depressionen". Aber geholfen werden konnte mir dort nicht.

Ein Schritt vor, ein Schritt zurück

Ich ging auf die Suche nach einem Therapeuten, was gar nicht so einfach war. Überall, wo ich mich bewarb, bekam ich Absagen.

Aber diesmal meinte es das Leben gut mit mir. Es war an einem regnerischen Tag, als ich in Gera durch puren Zufall an einem der alten Stadthäuser am Hauseingang ein kleines Schild entdeckte, das mich darauf aufmerksam machte, dass hier eine Psychotherapeutin arbeitet.

Ohne groß zu überlegen, betätigte ich den Klingelknopf. Ich dachte mir, wer nicht wagt, der nicht gewinnt. Und wirklich, ich wurde eingelassen.

Mit klopfendem Herzen begab ich mich eine Treppe hinauf und sah, dass dort eine Tür leicht angelehnt war. Da begab ich mich hinein und stand einer Frau gegenüber.

Erstaunt sah sie mich an und fragte, warum ich hier sei. In kurzen Zügen erzählte ich ihr von meiner Zeit vor und im Gefängnis.

Mit ernstem Blick hörte sie mir zu, dann bat sie mich in ihr Behandlungszimmer. Dort gab sie mir kurzfristig einen Termin.

Bevor sie das tat, erklärte ich ihr, dass ich große Probleme habe, mich unter vielen Menschen zu bewegen, und bat sie, mich so früh wie möglich zu bestellen. Sie erkannte mein Problem und tat mir den Gefallen.

Vor diesem ersten Termin war ich emotional sehr aufgeregt. Dieses Mal stellte ich mich bei ihr richtig vor. Und dann saß ich ihr gegenüber in einem bequemen Sessel nur von einem kleinen Tischchen getrennt, und erzählte und erzählte. Ich offenbarte ihr meinen bisherigen Leidensweg.

Danach durfte ich, und ich war sehr erleichtert darüber, bei ihr einen therapeutischen Vertrag unterschreiben. Ich spürte, mit dieser Therapeutin gehe ich den richtigen Weg. Mit ihr habe ich das ganz große Los gezogen.

Zum ersten Mal fühlte ich mich von einem Therapeuten verstanden und zugleich als Mensch wahrgenommen.

Natürlich gab es auch Rückschläge und ich musste lernen, geduldiger zu sein.

Noch immer konnte ich nicht unter viele Menschen gehen. Bis ich eines Tages beschloss, es einfach mal auf eigene Faust zu versuchen.

Es war Markttag in Gera, als ich mich voller Taten-
drang durch die Menschenmenge bewegte.

Was dann geschah, weiß ich nicht mehr.

Erst später erfuhr ich, dass ich wie versteinert mitten auf dem Marktplatz gestanden und Löcher in
die Luft gestarrt hatte.

Ein herbeigerufener Arzt nahm mich im Kranken-
wagen beiseite und fragte mich, was mit mir los sei.

In kurzen Sätzen erklärte ich ihm mein Problem,
worauf er bei mir eine Panikattacke diagnostizierte
und mir eine Tablette zur Beruhigung gab.

Ein anderes Mal, lief ich in Gera Lusan über eine
Fußgängerbrücke … Plötzlich merkte ich, dass zwei
Männer über mir knieten und mich festhielten …
Später dann im Krankenhaus erfuhr ich, dass ich
mich von der Brücke stürzen wollte. Ich wusste
aber von nichts, ich hatte keinerlei Erinnerung daran.

Das alles war erneut Anlass für mich, eine psychiatrische Klinik aufzusuchen.

Fassungslos

Meine Therapeutin schlug mir eine der besten Adressen Sachsens vor: In Dresden die Klinik „Waldschlösschen", eine Fachklinik für psychosomatische Medizin.

Die Klinik liegt an der Elbe, nicht weit vom „Blauen Wunder" entfernt. Es gab dort gutes Essen, top Ärzte, auch das Personal war total in Ordnung.

Hier begann ich meine Ängste zu verarbeiten, lernte mich selbst ein bisschen besser kennen und fasste den Mut, auf Menschen zuzugehen. Aber nur in der Klinik, nicht außerhalb.

Ich war auf einem richtig guten Weg, bis zu dem Tag, an dem ich zur Klinikleitung musste.

Wir sprachen dort über meine Behandlungen und darüber, wie ich mir meine Zukunft vorstelle.

Dann kamen wir auf das Thema Alkohol. Durch meine Unterlagen wusste der Chef der Trauma-Klinik, dass ich trockener Alkoholiker bin.

Dass ich diesen Entzug, einen kalten, bei mir zu Hause erfolgreich vollzogen habe, erfuhr er erst in diesem Gespräch von mir.

„Diesen Entzug kann ich nur anerkennen, wenn er in einer Entzugsklinik gemacht wurde!", sagte er zu mir.

Sprachlos sah ich ihn an, seine nächsten Worte zogen mir den Boden unter den Füßen weg.

„Hiermit ist die Reha für Sie beendet! Suchen Sie sich so schnell wie möglich eine Entzugsklinik. Danach sind wir gern bereit, Sie wieder aufzunehmen."

Das Nicht-Anerkennen meines kalten Entzugs machte mich fassungslos.

Ich befand mich mitten in einer Traumabehandlung und war bis jetzt auf einem wirklich guten Weg.

Endlich hatte ich wieder Hoffnung, und dann werde ich von einer Minute auf die andere aus allem herausgerissen.

Für mich brach eine Welt zusammen. Ich sah mich wieder ganz am Anfang.

Plötzliche Sinnlosigkeit machte sich in mir breit. Wortlos ging ich aus der Klinik und fand mich auf der Waldschlösschen-Brücke wieder. Minuten später kamen zwei Pfleger angerannt und haben mich festgehalten.

Am nächsten Morgen packte ich meine Sachen. Als ich an die Rezeption ging, um meine Papiere abzuholen, verabreichte man mir für die Fahrt Valium, das ich gleich zu mir nehmen sollte, was ich auch tat, ein Medikament, das süchtig machen kann.

In der Zwischenzeit zu Hause angekommen, beantragte ich bei der Rentenkasse eine Erwerbsunfähigkeitsrente, die mir bewilligt wurde. Ich wollte mich nicht wieder einigeln, deshalb besorgte ich mir einen Nebenjob als Zeitungsausträger.

Der Verdienst war zwar bescheiden, aber mir war es wichtiger den Kontakt zum Menschen nicht ganz zu verlieren.

Ausgerechnet Stadtroda

Dann kam die Empfehlung der Rentenkasse, mich um einen Aufenthalt in einer Tagesklinik zu bewerben.

Ausgerechnet in Stadtroda. Dort, wo ich als Kind für ein paar Wochen wegen der Vergewaltigung durch meinen Stiefvater eingewiesen worden war.

Sofort schossen Erinnerungen in mir hoch. Trotz allem wagte ich diesen Schritt.

Die Tage dort waren mit Therapien ausgefüllt. Aber schon bei der ersten Visite mit dem Chefarzt bekam ich mit voller Wucht fachliches Unvermögen zu spüren.

Als ich dem Arzt erzählen musste, warum ich dort sei, fiel er mir mitten im Satz ins Wort. „Hätten sie nicht so viel gesoffen, bräuchten Sie jetzt auch keine Therapie!"

Im ersten Moment war ich über seine Worte geschockt. Dann fing ich mich aber und klärte ihn in kurzen Zügen über meine Vergangenheit auf.

Als ich beendet hatte, änderte sich sein Tonfall mir gegenüber. Besänftigender meinte er, dass wir das schon wieder hinbekommen werden.

Als ich in der Mittagspause ein paar Schritte im Gelände herumlief, wurde ich schlagartig mit meiner Vergangenheit konfrontiert.

Ich sah tatsächlich das alte Gebäude von der damaligen Kinderpsychiatrie. Sofort gingen mir Bilder durch den Kopf. Ich riss mich zusammen und sah mir das Ganze aus der Nähe an.

Zurück in der Klinik hatte ich das große Bedürfnis, meinen Mitpatienten von meiner Zeit hier zu erzählen. Die aber waren mit meiner Geschichte total überfordert und wussten nichts damit anzufangen. Das wiederum überforderte mich, ich war mit meinen Nerven total am Ende.

Ich packte meine Sachen, ging ohne Bescheid zu sagen zum Bahnhof und fuhr einfach nach Hause. In der Zwischenzeit informierte die Stadtrodaer Tagesklinik telefonisch die PIA (Psychiatrische Institutsambulanz), dass ich gegangen bin. Die wiederum meldeten sich bei mir.

Am anderen Morgen musste ich dort antanzen und ihnen erklären, wieso, weshalb, warum. Nach einer kurzen Rücksprache mit Stadtroda durfte ich wieder zurück.

Die Psychologin der Klinik hörte sich die Geschichte über meine Vergangenheit dort an und konnte meine Reaktion gut nachvollziehen.

Circa eine Woche danach erreichte mich völlig überraschend ein Anruf vom Lebensgefährten meiner Mutter. Sie hatte ihn nach dem Tod meines Stiefvaters kennengelernt und lebte bei ihm in Ronneburg.

Er informierte mich, dass es Mutter sehr schlecht gehe, und bat mich schnell zu kommen. Er weiß nicht, ob sie es überleben wird.

Mit dieser Nachricht eilte ich zur Psychologin und erklärte ihr, dass ich sofort hinfahren müsse, aber auf jeden Fall wiederkommen würde.

Der folgende Satz dieser Frau verärgerte mich sehr: „Wenn sie jetzt das Gelände verlassen, brauchen sie nicht wiederzukommen!"

Mit den Worten: „Ihr könnt mich mal!" drehte ich mich um und ging.

Einige vom medizinischen Personal waren noch Angestellte und Vertreter des alten Systems. Ein großer Teil von denen war, so wie damals auch, dem Patienten gegenüber eiskalt!

Sie gehörte wahrscheinlich auch dazu. Anders kann ich mir ihre Reaktion nicht erklären.

Mit der Bahn fuhr ich direkt nach Gera und von dort aus ins Krankenhaus. Zum Glück hatte sich der Gesundheitszustand meiner Mutter wieder gebessert.

War es dumm, dass ich so besorgt war?

Ich kann es nicht erklären, warum ich instinktiv so reagiert habe. Denn das, was mir meine Mutter angetan hatte, war für mich mehr als schlimm. Meine Fürsorge hatte sie eigentlich nicht verdient.

Und trotzdem, ich würde es jederzeit wieder so machen.

Bielefeld - Lebenshilfe - Lebensretter

Auf Anregung meiner Psychologin und durch ihre Initiative bekam ich einen Platz in einer Klinik in Bielefeld für psychosomatische Medizin.

Im Juni 2013 fuhr mich mein Stiefsohn für ein Vorgespräch dorthin.

Wieder musste ich in groben Zügen aus meinem Leben und über meine Probleme erzählen.

Die Leiterin der Klinik hörte mir genau zu. Dann sagte sie mir, dass sie mich als Patient der Tagesklinik für eine vierwöchige Reha aufnehmen werde.

Während der Anreise mit dem Zug nach Bielefeld bekam ich große Zweifel und kämpfte mit mir. Ich war kurz davor, wieder auszusteigen, aber die Vernunft siegte. Mir war bewusst, dass es dumm wäre, mir so eine Chance entgehen zu lassen.

Die Behandlungen dort waren sehr gut, nur habe ich keinen Anschluss gefunden. Ich war von Anfang an auf mich selbst gestellt und fühlte mich als Außenseiter. Vielleicht lag es aber auch nur daran, dass ich der Einzige aus Ostdeutschland war.

Sämtliche Behandlungsformen dort waren gut und hilfreich. Das allein zählte.

Ich war es ja gewöhnt, alles alleine mit mir auszumachen. Wie heißt es so schön: Was mich nicht umbringt, macht mich stark.

Nach einer Woche Behandlung wollte ich in meiner Freizeit die Stadt besichtigen. Normalerweise hätte ich den Haupteingang genutzt, weil dort die Straßenbahn abfährt. Aber meine innere Stimme riet mir, den kürzeren Weg zum Bahnhof und zur Stadt hinten durch die Parkplätze zu nehmen.

Gedacht, getan. Als ich am Parkplatz vorbeigehe, sehe ich aus dem Augenwinkel links, wie gerade jemand zu Boden fällt.

Ohne groß nachzudenken, renne ich hin und sehe, dass ein Mann mit Krücke regungslos am Boden liegt. Ich werfe sofort meine Umhängetasche vom Körper und knie mich über ihn. Intuitiv suche ich an seiner Halsschlagader seinen Puls.

Kein Puls!

So laut ich konnte, schrie ich um Hilfe und begann mit der Herzdruckmassage. Zwischendurch nahm ich schnell mein Handy zur Hand, um den Notarzt zu rufen.

Der Mann am Telefon wies mich in der Zwischenzeit an, wie ich weiter vorzugehen hätte. In diesem

Moment kamen aber auch schon zwei Pfleger mit einem Notfallkoffer angerannt und übernahmen. Von ihnen erfuhr ich, dass der Verunglückte auch Patient in der Tagesklinik ist.

Der Rettungswagen kam, die Pfleger hatten den Verunglückten zum Glück wiederbelebt.

Als der Patient versorgt war, erzählte ich dem Arzt auf seine Frage hin, was passiert ist.

Ehe er wieder losfuhr, fragte er mich noch nach meinem Namen und meiner Adresse. Nebenbei erwähnte ich, dass ich Patient dieser Tagesklinik sei. Daraufhin klopfte der Arzt mir auf die Schulter und sagte: „Alles richtig gemacht!"

Mit erhobenem Haupt ging ich aus dem Klinikgelände, gönnte mir in einem Café eine Tasse Kakao und ein schönes Stück Torte und ließ mir alles noch einmal durch den Kopf gehen.

Mich durchzogen Glücksgefühle, die ich so noch nicht kannte. Ich war megastolz auf mich und froh und glücklich, dass dieser Mann am Leben war.

Mit dem schönen Gefühl, ein Leben gerettet zu haben, verließ ich das Café und sah mir in Ruhe die Stadt Bielefeld an. Ich war rundum zufrieden. Ein Zustand, den ich so noch nicht kannte.

In der Klinik hatte es sich in der Zwischenzeit herumgesprochen. Die dortige Psychologin kam auf mich zu und sagte respektvoll zu mir: „Hut ab Herr Beil! Dass sie trotz ihrer Ängste und eigenen Probleme die Kraft hatten, diesem Mann zu helfen!"

Ich antwortete darauf: „Das ist doch aber selbstverständlich!", worauf sie mir erwiderte, dass das nicht jeder so machen würde.

Nach ungefähr zwei Wochen, es war Freitag, passierte Folgendes:

Ich saß im Foyer der Klinik, als plötzlich die Tür aufging und ein Mann mit einer Krücke hereinkam. Der war so groß wie ein Baum und ein richtig strammer Kerl. Der Krückenmann schaute sich energisch um, sah eine Schwester, ging auf sie zu und sprach sie an.

Ich hörte, wie er fragte, ob sie einen Burkhard Beil kenne. Als ich meinen Namen hörte, wurde mir ganz anders. Mir fuhr der Schreck durch die Glieder, denn der Kerl sah respekteinflößend aus.

Mein erster Gedanke war: Das ist ein Auftragskiller. Ich begann zu schwitzen wie ein Schwein. Und dann passierte es. Ich nahm es wahr wie in Zeitlupe.

Die Schwester zeigte zu mir hinüber, der Hüne stellte seine Krücke an die Seite und ging hinkend auf mich zu.

Dann brüllte er mich an: „Kannste mal aufstehen!"

Er schaute mich dabei ernst an und rief dann: „So sieht also ein Lebensretter aus!"

Daraufhin ich kleinlaut: „Ich dachte jetzt, du willst mich killen!"

Danach hat er mich fest umarmt und abgedrückt und sich tausend Mal bei mir bedankt. Er erzählte mir, dass es kein schwerer Herzanfall war, aber wenn ich nicht so schnell reagiert hätte, wäre er wahrscheinlich jetzt nicht mehr am Leben.

Er lud mich für den nächsten Tag zu einer Stadt-rundfahrt ein.

Am Samstag holte er mich, wie versprochen, mit seinem silbernen Chevrolet ab und zeigte mir seine Stadt. Dann fuhr er mit mir aus der Stadt heraus und zielte auf einen riesengroßen Harley-Davidson-Shop zu. Erstaunt blickte ich auf, als er anhielt und zu mir sagte: „Aussteigen!"

Die Tür ging auf und ein Mann, ein Hüne, hinter dem ich mich leicht hätte verstecken können, zwei Köpfe größer als ich, kam auf uns zu und rief ganz laut: „Mensch Rudi, wen hast du denn da mitgebracht?"

Beide umarmten sich und gaben sich die Faust. Dann drehte sich Rudi zu mir um und erklärte seinem Kumpel: „Alois, der hier ist aus dem Osten und der hat mir das Leben gerettet! Ausgerechnet ein Ossi!" Dabei hat er gelacht.

Dann kam der Hüne auf mich zu und bot mir (an jedem Finger ein Ring) seine Riesenfaust an. Ich habe seine Faust erwidert. Daraufhin hat er mich mit einem Arm umarmt.

Zu Rudi meinte Alois: „Komm mal mit" und zu mir: „Du kannst dir ja hier mal alles in Ruhe ansehen."

Dann sind die zwei in einen anderen Raum verschwunden. Ich habe in der Zwischenzeit die hammer Harley Klamotten in dem Laden bewundert.

Als sich nach einer Viertelstunde die beiden wieder zu mir gesellten, sagte Alois zu mir: „Komm mal her!"

Mit den Worten: „Du bist jetzt ein Mitglied unserer Familie" hat er mir einen Totenkopfring an meinen Finger gesteckt und mir auf die Schulter geklopft.

Er hat noch zu mir gesagt: „Burkhard, wenn irgendetwas ist, wenn du jemals Hilfe brauchst, ein Anruf genügt und wir sind da."

Da habe ich das erste Mal bewusst erlebt, was Familie und Zusammenhalt bedeuten. Ich war stolz wie Oskar und fühlte mich geadelt.

Danach gingen wir gemeinsam aus dem Laden und haben uns per Faustschlag verabschiedet.

„Warte mal!" rief plötzlich Alois. „Ehe ihr wegfahrt, was gehört zu jedem Harley-Besuch dazu?"

„Einmal Harley fahren!" habe ich darauf geantwortet.

Alois drückte mir einen Helm in die Hand und dann fuhr er mit mir eine Runde ums Gelände. Danach ging es wieder zurück in die Klinik.

Dann hatte mich der allgemeine Klinikalltag wieder.

Bis zu jenem Tag. Wir saßen in einer Gruppensitzung.

Die Frage der Psychologin an uns lautete: „Was würden Sie machen, wenn plötzlich Ihr Täter vor Ihnen stehen würde?"

Spontan antwortete ich: „Wenn mein Täter jetzt vor mir stehen würde, würde ich ihn erstechen!"

Plötzlich sprang eine der Patientinnen auf, hielt sich die Hände vor ihr Gesicht und rief: „Oh Gott, oh Gott, mit was für Menschen bin ich hier zusammen!" und rannte aus dem Zimmer.

Schnell ging ich, erschrocken über diese Reaktion, der Patientin hinterher, um mich bei ihr für diesen Satz zu entschuldigen. Vorher bat ich die Psychologin um Erlaubnis darum.

Die Patientin nahm meine Entschuldigung nicht an.

Ein Versuch meinerseits, die Mitpatienten aufzuklären, missglückte. Die wollten mir überhaupt nicht zuhören, wollten das gar nicht wissen und wandten sich ebenfalls von mir ab.

Die Person, die eigentlich vom Fach war und die diese Frage in den Raum gestellt hatte, griff in keinster Weise erklärend ein.

Das war eine große Enttäuschung für mich.

Ohne Irgendetwas zu sagen, packte ich meine Sachen. Bevor ich aber die Klinik verließ, hinterlegte ich noch ein paar erklärende Zeilen an die Klinikleitung. Dann fuhr ich bedrückt nach Hause.

Auf meine Zeilen und meine Reaktion hin wurde mir vorsichtshalber die Polizei nach Hause geschickt. Man hatte sich in der Bielefelder Klinik Sorgen gemacht, dass ich mir das Leben nehmen werde.

Das war mein Lebensabschnitt in Bielefeld.

Trotz dieses Vorfalls habe ich in dieser Tagesklinik wirklich gute Fortschritte gemacht.

Mutter

Am 14. Juli 2013 hatte ich den Klinikaufenthalt in Bielefeld beendet.

Mein gewohnter Alltag zu Hause bei meiner Frau und mit Zeitungen austragen, nahm wieder seinen Lauf.

Ein paar Tage später rief ich bei meiner Mutter an und wollte wissen, wie es ihr geht.

Sie meinte, ich solle mir keine Sorgen machen, es gehe ihr gut. Gutgelaunt erzählte sie mir noch, was sie alles noch an diesem Tag vorhatte. Ich freute mich für sie und versprach ihr, sie bald zu besuchen.

Ein paar Tage später wollte ich wieder mit ihr telefonieren und mich nach ihrem Befinden erkundigen.

Es dauerte eine ganze Weile, bis der Hörer abgenommen wurde. Mutters Lebensgefährte war dran.

Ich redete gleich darauf los: „Guten Morgen, na wie geht's? Gib mir doch bitte mal meine Mutter."

Stille.

Dann: „Deine Mutter ist gestern Abend gestorben."

Ich: „Willst du mich verarschen?"

Darauf er: „Damit macht man keine Witze!"

Ich: „Ich lege jetzt auf und komme so schnell wie möglich zu dir."

Ich rief meinen Stiefsohn an und bat ihn, mich so schnell wie möglich nach Ronneburg zu fahren.

Mutters Lebensgefährte öffnete mir die Tür und zeigte mir auf die Stelle, wo Mutter lag. Stumm sind wir die Treppen hinaufgegangen. Dann habe ich ihn erst einmal gedrückt.

Ich mochte ihn.

Nachdem er mir erzählt hatte, was am Tag vorher passiert war, übergab er mir ihre Sachen, wie die Geldkarte, den Totenschein usw.

Ich versprach ihm, mich um alles zu kümmern. Er selbst war dazu nicht in der Lage. Dazu war er viel zu traumatisiert und gesundheitlich angeschlagen. Ins Bestattungsinstitut gingen wir aber später gemeinsam.

Dann kam der Tag der Beerdigung.

Mein Stiefsohn fuhr mich nach Ronneburg. Dort standen ungefähr 30 schwarz gekleidete Personen, mit Blumengebinden in der Hand. Es waren Bekannte von Herbert und Mutter sowie Mutters Schwester und deren Kinder.

Als ich aus dem Auto stieg, die Straße überquerte und auf die Trauergemeinde zuging, wurde ich von den Anwesenden dort vollkommen ignoriert. Kein Einziger hatte mich begrüßt, geschweige denn das Beileid ausgesprochen. Keiner, außer Herbert.

Ich stand da wie ein begossener Pudel.

In diesem Moment kam der Pfarrer auf mich zu und begrüßte und umarmte mich. Wir kannten uns vom vorherigen Trauergespräch.

Nach der Umarmung, die mir in diesem Moment ein wenig Trost gab, sagte ich zu ihm: „Ich werde nicht mit reingehen."

Dann habe ich ihm die für mich unbegreifliche und erniedrigende Szene, die sich kurz vor seinem Kommen abgespielt hatte, erklärt.

Der Pfarrer riet mir, jetzt doch lieber an meine Mutter zu denken. Da habe ich ihm geantwortet: „Mutter ist tot, die denkt nicht mehr!"

Dann wandte ich mich an die Trauergemeinde mit den Worten: „Ihr scheinheiliges Pack, ihr könnt mich mal!" und bin gegangen.

Kein Wort kam von denen über die Lippen, kein Wort! Was wussten die denn schon von mir, nichts, gar nichts!

Dass ich im Gefängnis war, ja, das war ja kein Geheimnis. Aber weshalb und warum ich im Gefängnis einsaß, und vor allem, was ich all die Jahre in meiner Kindheit durchmachen musste, davon hatten sie keine Ahnung.

Aber ihr Urteil war schon in Sack und Tüten. Der war im Knast und hat seiner Mutter nur Kummer bereitet.

Wie heißt es so schön in der Bibel? „Wer ohne Schuld ist, werfe den ersten Stein!"

Sie hatten kein Recht, mich so zu verurteilen und mit mir so umzugehen!

Mein Stiefsohn, der im Auto saß und alles mitbekam, winkte mich zu sich.

Der Pfarrer ging mit der Trauergesellschaft in die Kirche. Ich stieg ins Auto ein und sagte: „Nur weg hier, sonst raste ich aus!"

Am nächsten Tag besuchte ich allein Mutters Grab, um mich von ihr zu verabschieden.

Mit gemischten Gefühlen stand ich davor. So ein richtiges Trauergefühl konnte bei mir nicht aufkommen.

Gedanken rasten durch meinen Kopf. Auf der einen Seite war es meine Mutter die da lag und ich weinte um sie. Auf der anderen Seite war es die Frau, die wegschaute, als ihr Kind vergewaltigt wurde.

In dem Moment, als sie das tat, war etwas in mir zerbrochen. Die bedingungslose Liebe zu meiner Mutter. Was übrig blieb, war nur noch ein Scherbenhaufen.

Eine Mutter trägt ihr Kind fast 10 Monate unter ihrem Herzen. Sie bringt es unter großen Schmerzen auf die Welt, dann nährt sie es und sorgt dafür, dass es ihm gut geht. Sie ist besorgt um ihr Kind, will es vor Kummer, Schmerz und Sorgen beschützen. Macht das so nicht eigentlich eine normal denkende und fühlende Mutter?

Meine Mutter tat es nicht!

Sie sah es und ging.

Kein tröstendes Wort für mich, kein in den Arm nehmen und dafür sorgen, dass alles wiedergut wird.

Nichts.

Im Gegenteil, sie zwang mich, mit diesem Mann unter einem Dach zu leben.

Sie war Mutter und Täter in einem.

Nun stehe ich hier vor ihrem Grab und weiß nicht, wie ich meine Gefühle einordnen soll.

Ich hoffe, dass ich eines Tages meinen Frieden finden werde.

„Hier und jetzt möchte ich mit diesem Kapitel abschließen und nach vorne schauen."

Mit diesen Gedanken fuhr ich wieder nach Hause.

Auf einem guten Weg

Ich war noch lange nicht von meinen Depressionen und Ängsten befreit, aber ich war auf einem guten Weg. Der führte mich im Spätsommer 2018 zu einem Klinikaufenthalt nach Bad Arolsen in Hessen.

Die Schön Klinik Bad Arolsen ist eine Klinik für Psychosomatik und Psychotherapie. Dort arbeiteten die Therapeuten intensiv an meinen Ängsten.

Vor allem die Konfrontationstherapie, aber auch die Indikationsgruppe für soziale Kompetenz, brachte mir sehr viel.

Dort lernte ich, mich wieder unter Menschen zu bewegen und meine Unsicherheit abzulegen und selbstbewusster aufzutreten.

Dabei wurde ich zu kleinen Expositionstherapien angeregt. Sei es die Benutzung von öffentlichen Verkehrsmitteln gewesen oder zwischenmenschliche Rollenspiele.

In den ersten zwei Wochen war ich wie üblich noch alleine unterwegs. Ich vermied den Kontakt zu anderen, so gut es ging. So wollte ich mich vor weiteren Enttäuschungen schützen.

Bis zu jenem Tag, als mich zwei Mitpatientinnen fragten, ob ich mit ihnen in ein Café gehen würde. Bei einer Tasse Kaffee fragten sie mich, warum ich mich immer so von den anderen abkapsele. Ich erklärte es Ihnen, indem ich von meiner Vergangenheit erzählte. Danach konnten sie mein Verhalten besser einordnen.

An diesem Nachmittag, nach diesem Gespräch, hat sich bei mir etwas geöffnet. Auf einmal bekam ich immer mehr Kontakt zu anderen Mitpatienten und wurde immer zugänglicher. Ich ging sogar von mir aus auf Menschen zu. Ich erlebte ein ganz neues Lebensgefühl, was mir richtig gut tat.

Plötzlich unternahm ich auch mal mit anderen Leuten Ausflüge, was für mich vorher unvorstellbar gewesen wäre. Auch beim Essen saß ich nicht mehr allein. Oft wurde ich gefragt, ob man sich zu mir setzen dürfe.

Diesmal zog ich die Therapie bis zum Schluss durch.

Epilog

Wir schreiben das Jahr 2024.

Mein Leben hat sich zu meinem Vorteil verändert.

Auch wenn ich immer noch vorsichtig bin, so habe ich begonnen, zu bestimmten Menschen Vertrauen aufzubauen. Es sind nicht viele, aber es sind die, die mir gut tun.

Männern gegenüber hege ich immer noch ein gewisses Misstrauen, aber ich arbeite daran.

Stück für Stück bekomme ich mein Leben wieder in den Griff. Endlich lebe ich ein menschenwürdiges Leben und kann es genießen. Es war ein langer, harter Weg bis dahin.

Neben den vielen Therapien, sind es mein innerer Antrieb, mein Ideenreichtum und mein Stolz gewesen, die mich bis hierhin gebracht und die mir immer wieder gesagt haben: Lebe dein Leben, du hast es dir verdient.

Mein Rat an die Menschen, die ein ähnliches Schicksal erlitten haben, und an die, die wie ich an einer posttraumatischen Belastungsstörung und Agoraphobie leiden: Seid mutig und wendet euch mit euren Problemen an einen Therapeuten. Lasst euch helfen! Setzt euch mit eurer Geschichte auseinander und vergrabt sie nicht. Sie holt euch sonst eines Tages wieder ein und zieht euch dann die Füße unter dem Boden weg. Es lohnt sich immer, für ein selbstbestimmtes Leben zu kämpfen.

Meine Geschichte soll auch denen die Augen öffnen, die in der DDR wie unter einer Glasglocke gelebt haben.

Oft hört man, in der DDR war nicht alles schlecht.

Meine Biografie aber erzählt eine etwas andere Geschichte:

In der DDR war nicht alles gut.

Danksagung

Ich danke meiner Frau, die mit mir diesen steinigen Weg gegangen ist.

Ich danke meiner Therapeutin Diplompsychologin Thea Marina Speer, die mich als den Menschen wahrgenommen hat, der ich bin und mit deren Hilfe ich mich Schritt für Schritt ins Leben zurückkämpfen konnte.

Ich danke Helga Koros, die mir geholfen hat, meine ersten Gedanken für dieses Buch niederzuschreiben.

Ich danke vor allem meiner Co-Autorin Marlis Geidner-Girod, die in einem Zeitrahmen von zwei Jahren mit mir gemeinsam diese, meine Lebensgeschichte rekonstruiert und aufgeschrieben hat.

Inhaltsverzeichnis